中华传统美德百字经

# 养·修性养身

于永玉　李蓓◎编

一段历史之所以流传千古，是由于它蕴涵着不朽的精神；一段佳话之所以人所共知，是因为它充满了人性的光辉。感悟中华传统美德，获得智慧的启迪和温暖心灵的感动；品味中华美德故事，点燃心灵之光，照亮人生之路。

天津人民出版社

图书在版编目（CIP）数据

养：修性养身 / 于永玉，李蓓编．—天津：天津人民出版社，2012.6
（巅峰阅读文库．中华传统美德百字经）
ISBN 978-7-201-07578-5

Ⅰ．①养…　Ⅱ．①于…②李…　Ⅲ．①品德教育－中国－通俗读物　Ⅳ．① D648-49

中国版本图书馆 CIP 数据核字 (2012) 第 133041 号

天津人民出版社出版
出版人：刘晓津
（天津市西康路 35 号　邮政编码：300051）
邮购部电话：（022）23332469
网址：http://www.tjrmcbs.com.cn
电子信箱：tjrmcbs@126.com
永清县晔盛亚胶印有限公司印刷　新华书店经销
2012 年 6 月第 1 版　2012 年 6 月第 1 次印刷
690×960 毫米　16 开本　10 印张　字数：100 千字
定价：19.80 元

# 前言

中国是一个具有悠久历史和灿烂文化的文明古国，也是举世闻名的礼仪之邦。在历史的长河中，中华民族创造出了绚丽多彩的物质文化和精神文化，为人类的发展和进步做出了重要贡献。其中，中华民族的传统美德被大家代代传承。

那么，什么是传统美德？什么是中华民族的传统美德呢？通常来说，传统美德就是在自觉或习俗的道德规范中，一些被大多数人所接受并实际奉行的，而且在现代仍有着积极影响的那些美德。具体到中华民族传统美德，概括起来就是指中华民族优秀的民族品质、优良的民族精神、崇高的民族气节、高尚的民族情感以及良好的民族礼仪等，是中华民族在历史实践过程中积累而成的稳定的社会优秀道德因素，体现在人们生活的方方面面，涉及政治、经济、文化、意识等领域，并通过社会心理结构及其他物化媒介得以代代相传。

经过长期的历史沉淀，中华传统美德已融入到中华民族的思想意识和行为规范中，成为社会道德文化的遗传基因，成为整个中华民族文化的精神内涵，也是中华五千年文明史的精髓所在。继承和弘扬中华民族传统美德，可以振奋民族精神，增强民族自尊心、自信心、自豪感和凝聚力，使社会主义道德规范具有更丰富的内涵，让社会主义、集体主义、爱国主义思想等更加深入人心，成为社会主义文化的主旋律。同时，还可以更好地协调人际关系，促进社会主义市场经济的健康发展，形成有中国特色的、适应社会发展的价值观和伦理道德规范。

国民的思想道德状况，尤其是青少年的思想道德状况，直接关系着一个国家、一个民族的整体素质，关系着国家前途和民族命运。目前，我国已进入改革发展的新时期新阶段，德育教育的价值和意义更是日渐凸显。大力弘扬中华传统美德，建设社会主义核心价值体系，促进社会主义文化的发展和繁荣，是建设全面小康社会的主要任务，更是实现中华民族伟大复兴的必然要求。因此，党中央非常注重我国公民道德建设，全社会也已形成了加强和改进思想道德建设的新风尚。

青少年是国家的希望，是民族不断发展和延续的根本，因此，青少年德育教育就显得更加重要。为了增强和提升国民素质，尤其是青少年的道德素质，我们特意精心编写了本套丛书——《中华传统美德百字经》。

本套丛书立足当前公民，尤其是青少年思想道德教育的现实，将中华民族的传统美德归纳为一百个字，即学、问、孝、悌、师、教、言、行、中、庸、仁、义、敦、和、谨、慎、勤、俭、恤、济、贞、节、谦、让、宽、容、刚、毅、睦、贤、善、良、通、达、知、理、清、廉、朴、实、志、道、真、立、忠、诚、公、正、友、爱、同、礼、温、信、尊、敬、恭、恕、责、仪、精、专、博、富、明、智、勇、力、安、全、平、顺、敏、思、积、利、健、率、坚、情、养、群、严、慈、创、新、变、革、争、谏、诲、齐、省、克、竞、求、简、洁、强、律。丛书内容丰富、涵盖性强，力图将中华民族传统美德的内涵囊括进去。丛书通过故事、诗文和格言等形式，全面地展示了人类永不磨灭的美德：诚实、孝敬、负责、自律、敬业、勇敢……

这些故事在中华民族几千年的历史长河中，一直被人们用来警醒世人、提升自己，用做道德上对与错的标准；同时通过结合现代社会发展，又使其展现了中华民族在新时代的新精神、新风貌，从而较全面地展示了中华民族的美德。

在本套丛书中，为了帮助读者更好地理解这些源远流长的传统美德，我们还在每一篇故事后面给出了“故事感悟”，旨在令故事更加结合现代社会，结合我们自身的道德发展，以帮助读者获得更加全面的道德认知，并因此引发读者进一步的思考。同时，为丰富读者的知识面，我们还在故事后面设置了“史海撷英”、“文苑拾萃”等板块，让读者在深受美德教育、提升道德品质的同时，汲取更多的历史文化知识。

这是一套可以打动人心灵的丛书，也是可以丰富我们思想内涵的丛书……《中华传统美德百字经》向我们展示的是一种圣洁的、高尚的生活哲学。无论在任何社会、任何时代，给予人类基本力量的美德从来不曾变化。著名的美国政治家乔治·德里说：“使美国强大的不是强权与实力，而是上帝赐予的美德。假如我们丢失了最根本且有用的美德，导弹和美元也不能使我们摆脱被毁灭的命运。”在今天，我们可能比任何时候都更应关心道德问题，尤其是青少年的道德问题，因为今天我们正逐渐面临从未有过的道德危机和挑战。

人生的美德与智慧就像散落的沙子，我们哪怕每天只收集一粒，终有一天能积沙成塔，收获一个光辉灿烂的明天。《中华传统美德百字经》中的美德故事将直指我们的内心，指向人性中善良的一面，唤起我们内心深处的道德感。因此，中华民

族的传统美德也一定会在我们的倡导和发扬之下，世世传承，代代延续！

全套丛书分类编排，内容详尽、文字优美、风格独具，是公民，尤其是青少年思想道德建设的优秀读物。愿这些恒久流传的美文和故事能抚平我们每个人驿动的心，愿这些优秀的美德种子能在青少年身上扎根、发芽、生长……

# 导言



养,《说文解字》的说法“养生也”。此外，还可解释为保养身体、养生之道、养德、养心。

养生，又称养身，乃保养身体、延年益寿之道。这方面古人积累经验多矣。《管子·形势解》说:起居时，饮食节，寒暑适，则身利而寿命益;《庄子·达生》云:人之所畏者，衽席之上、饮食之间，而不知为之戒者，险也;《战国策·齐策四》曰:晚食以当肉，安步以当车，无罪以当贵;《荀子·修身》道:安燕而血气不惰，劳倦而容貌不枯等等。这些先哲之论不乏科学道理，经受千百年实践检验，堪称经典。

养生，在当今社会中越来越被人们重视。它不仅可以增强人们的体质延缓衰老，而且对社会的发展也有重大的意义。养生，古已有之，重温古贤在养生方面的教诲与实践，在今天仍具有意义。

养生固然重要，而养德尤胜于其。一个人只重养身而轻养德，养生也难以如愿的。这是因为人的健康与德操大有关联，所以两千多年前孔子就提出“仁者寿、有大德必得其寿”的观点。唐代名医孙思邈也言:百行周备，虽绝药饵，足以暇年;德行不克，纵服玉液金丹未能延寿。明代龚廷贤在《寿世保元》中云:积善有功，常存阴德，可以延年。针对修身、齐家、治国、平天下的儒家之道，老子提出三宝论“吾有三宝，持而守之:一曰慈，二曰俭，三曰不敢为天下先，故能器长”。此言与孔子“仁者寿”如出一辙，可谓将养身与养德并举。

此外，保持良好的道德情操，是养生首要的一环。诚如唐《孙真人卫生歌》所唱“世人欲识卫生道，喜乐有常嗔怒少，心诚意正思虑除，顺理修身去烦恼”，明代冯梦龙更在《警世通言》中说“不贪花酒不贪财，一世无灾去害，堪称修身养生”的千古箴言。那些缺乏道德修养的人，那些为名利所累的人，不能活得轻松自如，未老先衰、疾病缠身是必然的事。故而古人云“养生贵在养心，而养心首重养德”。不道德的思想行为虽然不是病毒或细菌，却会通过大脑皮层及内分泌系统起作用，从而导致中枢神经传导受阻，器官功能失常。从社会学的角度讲，说它是一种病毒、细菌，也不无道理。作为当代的中国公民，我们应该在注重自己身体的同时，还应该保持养生方面的调理，使自身强壮起来，为国家的繁荣富强贡献力量，将中华民族的优良传统美德发扬光大，使我国社会主义和谐社会早日实现。

# 目录



## 第一篇　倡导养生，延年益寿



## 第二篇　养生之道，重在方法

ZHONGHUACHUANTONGMEIDEBAIZIJING
中华传统美德百字经

养 · 修性养身

# 第一篇

## 倡导养生，延年益寿

# 张苍养生宝典

◎节食则无疾，择言则无祸。——何坦

张苍（公元前256—前152年），西汉丞相，封北平侯，阳武县（今河南省原阳县）富宁集乡张大夫寨村人。张苍校正《九章算术》，制定历法，也是我国历史上主张废除肉刑的一位政治家。

常言道："大难不死必有后福。"西汉时期的张苍就是其中之一。张苍是西汉时期河南阳武（今河南原阳县）人，精通天文历算，官至丞相，享年百余岁，是福寿两全的典型。张苍的人生经历，颇富有戏剧色彩。

据史书记载，张苍做过秦朝主管文书的御史。他为人很有正义感，对秦朝的残暴统治非常不满，经常发表一些抨击朝政的议论。秦王对张苍恨之入骨，准备指派公差逮捕他。有朋友向张苍通风报信。得知消息后，张苍立即逃回家乡武阳才躲过一劫。后来刘邦率领反秦起义军经过武阳时，张苍便乘势参加了起义军。在随军前往攻打南阳时，张苍因自作主张行事违反了军令，犯了罪。刘邦指派王陵（后西汉宰相）负责审讯他，决定将其腰斩。行刑之日，张苍被脱去衣服，赤身裸体俯伏在砧板上，眼看将变为刀下鬼。监斩官王陵一看，张苍身材高大魁梧，全身皮肤白皙润泽，是十分难得的美男子，杀了实在可惜。王陵动了恻隐之心，决定刀下留人，并立即向刘邦报告，请求宽大处理。刘邦批准了王陵的请示，张苍终于被赦免，得以大难不死。从那以后，张苍处事谨慎，恪守法纪，忠于职守。为此，他不断得到提拔与重用，最终官至西汉丞相。

张苍不但事业有成，而且高寿，据《史记 · 张丞相列传》，“苍年百余岁而卒”。张苍何以能够年逾百岁呢？据史料记载和后人分析，主要是得益于以下几点：

一、勤奋读书，勤于用脑。《史记》中说：“苍尤好读书，无所不观，无所不通，尤邃律历。”他勤学苦读，广为涉猎，知识渊博，精通音乐和天文历算，汉朝初年的历法就是由他推算和制定出来的。他勤于用脑，晚年仍笔耕不辍，继续坚持撰写天文历法著作。正因为他孜孜不倦，故大脑越用越灵活，始终不糊涂，自然不会患老年痴呆之类的疾病。有位作家曾经说过：“长寿在于勤奋。”这话确实很有道理，事实上没有一个长寿者是懒汉。张苍长寿的原因固然很多，但不可否定，勤奋与其长寿密不可分。

二、博学多才，爱好广泛。张苍除了精通天文历算之外，还懂得建筑工程和某些工艺技术，十分精通音乐律品。张苍善于吹笛，技巧之高超，超过了当时皇宫内专业人员的水平。正因为他多才多艺，有多方面的兴趣爱好，其精神也就有了多方面的寄托，生活充实，从无空虚、苦闷、彷徨之感，这对于他的身心健康非常有利。

◎故事感悟

一个人的高寿不仅取决于要懂得“生命在于运动”的道理，还要“勤奋读书，勤于用脑”，将这些进一步延伸开来，归结出“长寿在于勤奋”的养生真谛。同时更要善于自我陶冶情操，始终保持一个良好的心理状态。这种中国传统的养生精神与方法是值得后人学习的。

◎史海撷英

### 笛子的历史

笛作为中国最具特色的吹奏乐器之一，有着悠久的历史。1986年5月，在河南舞阳县贾湖村东新石器时代早期遗址中发掘出16支竖吹骨笛(用鸟禽肢骨制成),根据测定距今已有八千余年历史。竖吹,音孔由五孔至八孔不等,其中以七音孔笛居多,具有与现在我们所熟悉的中国传统大致相同的音阶,骨笛音孔旁刻有等分符号,有些音孔旁还加打了小孔。

考古发现,早在黄帝时期,即距今大约四千多年前,黄河流域生长着大量竹子,古人们便开始选竹为制笛材料。《史记》记载“黄帝使伶伦伐竹于昆溪、斩而作笛,吹作凤鸣”。以竹为材料是制笛的一大进步,一者竹比骨振动性好,发音清脆;二者竹便于加工。

在随后的秦汉时期,人们已有了七孔竹笛,并发明了两头笛。蔡邕、荀勖、梁武帝都曾制作十二律笛,即一笛一律。笛在古代称为“篴”。到了汉代,许慎的《说文解字》有“笛,七孔,竹篇也”的记载。

## ◎文苑拾萃

### 勤能补拙

勤能补拙意思是指后天的勤奋能够弥补先天的不足、缺陷。出自于宋·邵雍《弄笔吟》:“弄假像真终是假,将勤补拙总轮勤。”关于这个成语,还有一个真实的故事。

825年,唐敬宗将杭州刺史白居易调任苏州刺史,苏州是唐东南地区最大的州,地方事务繁杂。白居易上任后谢绝所有的宴请,一心处理政务,很快就熟悉当地的情况,整顿吏治,赢得老百姓的好评。他认为自己生来笨拙只有靠勤奋来弥补。后来白居易果然颇有政绩。

# 若成大志必劳筋骨

◎健康是第一财富。——格言

左慈（生卒年不详），字元放，东汉末方士，庐江（今安徽庐江西南）人。在道教历史上，东汉时期的丹鼎派道术是从他一脉相传。左慈，少居天柱山，习炼丹。据葛洪《抱朴子·金丹篇》载，左慈是葛玄之师，“葛玄从慈受之”。受《太清丹经》三卷，及《九鼎丹经》、《金液丹经》各一卷。

左慈，东汉末年庐江人。年少时就很聪明，对《四书》、《五经》都通晓精旨。不仅如此，他还会夜观天象。可惜的是，尽管他如此聪颖，却生不逢时。

东汉末年，政事日趋败坏，“狱由怨起，爵以贿成”，当时比较正直和主持“清议”的官吏士人广遭杀戮；土地兼并激烈，赋役剥削苛重，老百姓即使稍有衣粮，也是“寒不敢衣，饥不敢食”，何况连年歉收，饥寒者众。终于爆发了张角兄弟领导的黄巾大起义。

黄巾起义横扫了中原大地。在镇压农民起义的过程中，豪强地主势力纷纷兴起，割据一方，形成了军阀混战的局面。百姓陷入了深渊。

左慈目睹这种情景，深感东汉王朝气数将尽，乱世已经来临。他感慨道：“人碰到这样一个衰败的社会，一切都无用了。当大官的更危险；财产多的死得快。在当今的社会，荣华富贵是断然不可求的。”于是，他就集中精力跑到天柱山上去学道了。

历经许多年的艰辛养性修炼，左慈的道诣大有长进，很快成为远近闻名的大道家了。

曹操听说左慈得道了，就立刻派人将他召去，让他当着自己的面表演道术，并与他研讨道教教诣。看过左慈的精湛表演，听过左慈的娓娓道语，曹操也对道教发生了浓厚的兴趣。他请求左慈让他跟着学道。

左慈对于此却不甚赞同，他对曹操委婉地说："学道是要吃苦的，并且应清心寡欲，净化其精神，非尊重所宜。"言外之意是说：曹操您是一代枭雄，好大喜功，有享不尽的荣华富贵，处于这样一种养尊处优的境地，又怎能心平而养性呢？不能养性又怎能得道呢？

在汉代，因为道教的养生说包含着形神双修的内容，提倡"长而安贫，老而寡欲，闲心劳形"。其养性主要指心性、精神而言。曹操正是缺乏于此。

其实，左慈早就知曹操善于谋欺诈之事，心术不正。既然自己没有屈服曹操的淫威，那么自己随时都会有生命危险的。不过左慈心想：大丈夫若能为道而死，也死得其所了。

的确，曹操性情好猜忌，对左慈认为他不能学道而心存芥蒂，常想找机会将左慈杀掉。然而，他一直没有达到目的。

后来，左慈来到了荆州刘表门下。刘表这个人也是生性猜疑，对左慈到他的领地中布道深感不安，处处防着他。左慈不久被迫逃往江东孙权处。

孙权挺豁达，且久仰左慈的大名，就专门为他在小括山建了道观，并常常去观中看望左慈。

春去冬来，光阴似箭，左慈在小括山养性修炼转眼已有几年了。这时的左慈不仅知识渊博，而且刚强果敢。他虽然尝尽了人间战乱的辛酸，但他始终没有灰心气馁，坚持养性修炼。正是由于他坚持了养性修炼，所以尽管年岁已高，可面色甚少。后来他就到括苍山去隐居了。

**◎故事感悟**

人生于世一定要拿得起放得下，学会舍得，所谓有舍才有得。左慈正是意识到这一观点，才毅然出家成道，修身养性。左慈这种注重养性的习惯对于今天的人们是具有指导意义的。

## ◎史海撷英

### 道家

道家是中国春秋战国诸子百家中最重要的思想学派之一，其思想起源很早，相传轩辕黄帝就有天人合一的思想。一般来说，公认的第一个确立道家学说的是春秋时期的老子，老子在他所著的《老子》(《道德经》)中作了详细的阐述。道家思想其他的代表人物还有战国时期的庄周、列御寇、惠施等人。道家倡导自然的世界观和方法论，尊黄帝、老子为创始人，并称黄老。道家思想的核心是"道"，认为"道"是宇宙的本源，也是统治宇宙中一切运动的法则。

西汉初年，汉文帝、汉景帝以道家思想治国，使人民从秦朝苛政中得以休养生息，历史称之为"文景之治"。其后，儒家学者董仲舒向汉武帝提倡"罢黜百家，独尊儒术"的政策，并被后世帝王采纳，道家从此成为非主流思想。虽然道家并未被官方采纳，但其在中国古代思想的发展中扮演重要角色。道家思想后来被张鲁的五斗米道等宗教吸收，并演变成中国的重要宗教之一——道教。

## ◎文苑拾萃

### 《道德经》

《道德经》又可称之为《道德真经》、《老子》、《五千言》、《老子五千文》。它是中国古代先秦诸子分家前的一部著作，为诸子所共仰，传说是春秋时期的老子李耳所撰写，是道家哲学思想的重要来源。道德经分上下两篇，原文上篇《德经》、下篇《道经》，不分章，后改为《道经》在前，《德经》在后，并分为81章。它是中国历史上首部完整的哲学著作。

# 柳宗元养生求自然

◎久立先养足，久夜先养目。——吕坤

柳宗元(773—819年)，字子厚，世称“柳河东”。因官终柳州刺史，又称“柳柳州”。祖籍河东(今山西省永济市)。唐代文学家、哲学家、散文家和思想家，与韩愈共同倡导唐代古文运动，并称为“韩柳”；与刘禹锡并称“刘柳”；与王维、孟浩然、韦应物并称“王孟韦柳”；与唐代的韩愈、宋代的欧阳修、苏洵、苏轼、苏辙、王安石和曾巩，并称为“唐宋八大家”。

柳宗元作为“唐宋八大家”之一，不仅在学术上兼取百家之见，治学严谨一丝不苟，不受儒家思想束缚，在哲学上也继承了前人“气”一元论的唯物主义观点，作《天说》驳斥了韩愈的“天命论”。他不仅肯定物质的自然存在，而且进一步肯定了物质的自然运动。他认为天地都是自然形成的、自然运动的，没有任何外力，更没有任何神力去推动它，这种“自然说”从认识论的根源上打击了“天命论”的传统思想，把无神论思想提高到一个新阶段，其影响十分深远，也影响到体育思想的发展。

柳宗元本人也从他的“自然说”出发，对养生健身问题提出了独到见解，主张养生也应顺其自然。他说：“庄子言天日自然，吾取之。”又说：“生死浩浩，天地漫漫，绥之则寿，挠之则散。”柳宗元取道家自然之说，其养生思想也主张顺其自然，这是柳宗元论养生中的主导思想。

柳宗元讲养生顺其自然，从其所著《郭橐驼传》中可以体会到他的精神。文章中说：“橐驼非能使木寿且孳也，能顺木之天以致其性焉耳。其天者全而其性。得矣，故吾不害其长而已，非有能硕茂之也。不抑耗其实而已，非有能早而蕃之也。”如果“爱之太殷，忧之太勤，旦视而暮抚，已去而复顾。甚者刮其肤以观验生枯，摇其本以观其疏密，而木之性日以离类，虽日爱之，其实害之，虽日忧之，其实仇之。闻者嘻曰：不亦善夫，吾闻种树得养人术，传其事以为官戒也。”柳宗元说的“吾闻种树得养人术”，其“养人术”是以种树喻为生民之道，也包括了以种树喻养生之道，用以说明种树、养生都必须顺其自然本性，才能尽其天年。如果惴惴以养生为务，不但无益而且有害了。

柳宗元讲养生要“固其本，养其正”，这和《郭橐驼传》中讲种树要顺其自然是一个意思。他要求人“时动以取其当”，“调药石、时饮食，生血补气，强筋植骨，荣卫之和膂力之刚。”其固本、养正是要人和其心志，不做非分之想，再加上顺应时令做适当地运动，服食药饵，饮食得当，使血气足、筋骨强、力量大，求得心理、生理上的全面健康，柳宗元的这些养生思想是值得重视的。

柳宗元讲养生要顺其自然，同时肯定了生死是自然规律，反对长生不死的神仙之说。他说：“仙者幽幽，寿焉孰慕。短长不齐，各有所止，胡纷华漫汗而潜谓不死。”又说：“铿羹于帝、圣孰滋味。夫死自慕，而谁飨以俾寿。”这两段话意思是说：离开人类社会去成仙，根本不值得效法，不可相信。人寿有长短，死生是自然规律，说人能长生不死是骗人的胡说。说彭祖（传说故事人物），活了八百余岁是没有道理的无稽之谈。他的这种思想在其诗中表达的更为清楚，他说：“久知老会至，不谓便见寝；今年宜未衰，稍已来相寻。齿疏发就种，奔走力不任；咄此可奈何，未必伤我心。彭聃安在哉，周孔亦已沉；古称圣寿人，曾不留至今。”讲得入情入理，实在深刻！

## ◎故事感悟

万物不强求，不以物喜，不以己悲。可以说，顺其自然在我国古代已成为精神领域的一大核心所在，柳宗元在养性的同时还注重养正。柳宗元在古代时期能对人的养生问题认识的这样清楚，以及他对待生死的态度，至今令人钦佩不已。

## ◎史海撷英

### 唐宋八大家的由来

唐宋八大家是唐宋时期八大散文作家的合称，即唐代的韩愈、柳宗元和宋代的苏轼、苏洵、苏辙、欧阳修、王安石、曾巩。明初朱后最初将韩愈、柳宗元、苏轼、苏洵、苏辙、欧阳修、王安石、曾巩八个作家的散文作品编选在一起刊行的《八先生文集》，后唐顺之在《文编》一书中也选录了这八个唐宋作家的作品。明朝中叶古文家茅坤在此基础上加以整理和编选，取名《八大家文钞》，共160卷。"唐宋八大家"从此得名。

## ◎文苑拾萃

### 始得西山宴游记

（唐）柳宗元

自余为僇人，居是州。恒惴栗。时隙也，则施施而行，漫漫而游。日与其徒上高山，入深林，穷回溪，幽泉怪石，无远不到。到则披草而坐，倾壶而醉。醉则更相枕以卧，卧而梦。意有所极，梦亦同趣。觉而起，起而归。以为凡是州之山水有异态者，皆我有也，而未始知西山之怪特。

今年九月二十八日，因坐法华西亭，望西山，始指异之。遂命仆人过湘江，缘染溪，斫榛莽，焚茅茷，穷山之高而上。攀援而登，箕踞而遨，则凡数州之土壤，皆在衽席之下。其高下之势，岈然洼然，若垤若穴，尺寸千里，攒蹙累积，莫得遁隐。萦青缭白，外与天际，四望如一。然后知是山之特立，不与培塿为类，悠悠乎与颢气俱，而莫得其涯；洋洋乎与造物者游，而不知其所穷。饮觞满酌，颓然就醉，不知日之入。苍然暮色，自远而至，至无所见，而犹不欲归。心凝形式，与万化冥合。然后知吾向之未始游，游于是乎始，故为之文以志。是岁，元和四年也。

# 法真不忘修身养性

◎勿以妄想戕真心。——《康斋日记》

法真（100—188年），字高卿，法正祖父。东汉著名大儒。

法真，是汉代扶风郿地人。年少时，家境不是太好，常随父母颠沛辗转。这种近似流浪的生活，养成了法真坚强的性格。他既热爱劳动，又特别喜欢学习。他的记忆力很强，读过的书大都牢记而不忘；又非常聪明，理解力强，常有一些独特的、超人的见解。他不像别人那样死啃书本，而是着重领会书中的精神和要领，因此学习进步相当快。他写出来的文章，是非分得清，道理说得明，乍一看，就像一个很有研究的人写的。不仅如此，他还钻研古今书籍，深谙此中玄妙。等他成年以后，很快成为关西地区远近闻名的大儒。他的弟子也达数百人之多。

法真成名以后，仍不忘加强自身的养性修炼，平日里粗茶淡饭，不求功名。在反思人间事中，他总结了道教的精旨，认为养性者要达到养生的目的，就必须“少思、少念、少欲、少事、少语、少笑、少愁、少乐、少喜、少怒、少好、少恶”。

他在向弟子们传道时曾说，过去的道家宗师一致认为：“多思则神殆，多念则志散，多欲则损志，多事则形疲，多语则气争，多笑则伤藏，多愁则心慑，多乐则意溢，多喜则忘错，多怒则百脉不定，多好则专迷不治，多恶则憔煎无欢。”他反复告诫弟子一定要牢记于心，多多注意自身心性与品性的修养。

一天，春光明媚，百花争艳。法真家院中桃红柳绿，青草如茵。法真正同弟子们在谈论道教问题，突然仆人来报，说是本地太守差人请法真到衙门府一叙。法真无耐，只好随衙役来到了太守府。太守见法真来了，十分高兴。

一番客套落座后，太守说出此番相请的目的是想让法真到府中来做官，并说有他这样对道教有很深造诣的人来辅佐，他才感到心中踏实。

法真见有此说，就坚决相辞，推托说自己无法胜任，还是另请高明吧。太守没有办法，只得放弃。

有此经历后，法真更加幽居，不交人间事。然其品性却仍使他的大名远扬，正可谓是“美言可以入市，尊行可以加人”，就连皇帝都知道他的所作所为了。

一天，法真院外锣鼓喧天，鞭炮齐鸣，乐队吹吹打打，仪仗前呼后拥，原来是皇帝亲派官员来请法真到朝为官。看到这种情景，法真的心头就像压上了千斤重石，沉甸甸的。由此，他进一步地醒悟道：一个人要想远离功名，养性修炼得其道是何等难呀！难就难在人常常要受“名”所累呀！他又坚决谢绝了皇帝的应召。

从此以后，法真自己隐居了起来，再也不和友人来往了。

他的一位友人曾称赞他说：“法真名可得而闻，身难得而见。逃名，而名我随；避名，而名我追，可谓百世之师者矣。”其意是赞扬说，尽管法真的品性修养高尚，可他不为名声所累，不沽名钓誉。像这样的不追求功名的人，其英名是一定会陪伴着他的。这样的人才是道教养性的楷模呀！

后人为了纪念法真的品德，特意雕刻了一块石碑，并撰写了碑文来颂扬他。后人都称其为玄德先生。

◎**故事感悟**

《道德经》曰：“功成名遂身退，天之道。”法真的所为就是天之道，即人之道，也就是养性之道。法真“功成而不处”，实则是遵循了老子的思想。老子悟出了物极必反的道理，事物发展到了极端，必然走向自己的反面。事业成功，居功骄傲，赖住不退，一定垮台。法真深邃的养生方法不仅令后人钦佩，且值得后人学习。

## ◎史海撷英

### “衙门”的由来

旧时称官署为衙门。史料记载，衙门是由“牙门”转化而来的。衙门的别称是六扇门。

猛兽的利牙，古时常用来象征武力。“牙门”系古代军事用语，是军旅营门的别称。当时战事频繁，王者打天下、守江山，完全凭借武力，因此特别器重军事将领。军事长官们以此为荣，往往将猛兽的爪、牙置于办公处。后来嫌麻烦，就在军营门外以木头刻画成大型兽牙作饰，营中还出现了旗杆端饰有兽牙、边缘剪裁成齿形的牙旗。于是，营门也被形象地称作“牙门”。

## ◎文苑拾萃

### 满招损，谦受益

这句话的意思是自满会招致损失，谦虚可以得到益处。出自于《尚书·大禹谟》：“满招损，谦受益，时乃天道。”

其原文是，《书·大禹谟》：“惟德动天，无远勿届，满招损，谦受益，时乃天道。”故此以“满招损，谦受益”来说明骄傲自满招致损害，谦逊虚心得到益处。宋朝陈师道《拟御试武举策》：“君子胜人不以力，有化存焉，化者，诚服之也。故曰：满招损，谦受益。”亦作“谦受益，满招损”。明朝沈采《千金记·延访》：“谦受益，满招损。”

# 张弛有度话养生

◎运动是健康的源泉，是长寿的秘诀。——谚语

张学良（1901—2001年），字汉卿，号毅庵，乳名双喜、小六子。陆军一级上将，祖籍辽宁海城，出生于辽宁省台安县九间乡鄂家村张家堡屯（旧称桑子林詹家窝铺）。人称“少帅”，奉系军阀首领张作霖的长子，民国“四美男子”之一。

著名爱国将领张学良90多岁时依然头脑清楚，思路敏捷，反应灵活，步履稳健。他度过了半个多世纪的囚禁生涯，竟能如此健康长寿，堪称奇迹。奥秘何在？据了解，这位如今仍不失大将风度的张学良在任何条件下都十分注意养生。对他的养生之道，可以从五个方面来概括。

第一，体育锻炼。

张学良青少年时就非常重视体育锻炼，并有着十分广泛的体育爱好，爬山、跑步、游泳、滑冰、散步、骑马、下棋、垂钓、跳舞、打网球、篮球、乒乓球、高尔夫球等等，无所不会，并且从小到老，坚持不懈。

张学良广泛的体育爱好中，打网球算是他的强项，并有独到之处。1934年，蔡智佳先生在庐山国际网球摆擂台，蔡先生从清晨一直激战到中午，没有一个人能击败他的。有一天，他碰见一位对手，球艺不凡，两人历时几个小时的苦战，结果竟难分胜负，最后只好握手言和。分手时，那个人才知道这位不服输的对手是张学良。从此他俩结成球友，每日对阵，友谊日渐加深。

张学良不仅自己酷爱体育运动，而且热心倡导体育，号召大家都来参加体育运动，让中国成为一个体育强国。1928年，他在东北任边防司令官时，非常关心体育事业的发展，曾亲自筹建规模宏大的东北大学（东北师范大学前身）运动场，并以高薪聘请德国人贝克担任教练，号召广大青年学生投身体育锻炼。在普及体育运动的同时，张学良十分关心体育运动水平的提高。为此，他经常在沈阳举办体育运动会，在群众体育中选拔优秀运动员。旧中国第一届全运会在杭州举行时，东北代表队囊括了田径赛的全部冠军。

1932年，美国洛杉矶举办第十届奥运会，国民党当局宣称不派人参加。可是，侵占中国东北的日本帝国主义，突然在报纸上宣布说，“刘长春（东北大连人）将代表‘满洲国’参加在美国洛杉矶举行的第十届奥林匹克运动会”，以期替傀儡政权捞取为国际承认的资本。当时，随东北大学流亡在北平的刘长春立即在报纸上公开声明：“我是中国人，决不代表傀儡政权出席第十届奥林匹克运动会。”后来，在张学良将军的资助下，刘长春这位短跑全国纪录保持者才以中国运动员的身份参加了这次世界大赛。

为了洗刷“东亚病夫”的奇耻大辱，振兴中华体育，张学良首次倡导横渡长江。这是震惊中国近代体坛的伟大壮举。

那是1934年9月的一天，张学良在武汉特别下令“比赛时所有船只不得通行，外国船也不例外。”参加横渡的三十多人，有官兵、船夫、职员和学生。他们由武昌黄鹤楼边码头为跳点跳入江心，向设在汉口第六码头的终点游去，绝大多数运动员都顺流而下，坚持到达彼岸。其中有一位姓鞠的士兵搏击风浪，横穿大江，游到终点。武汉三镇为之轰动，围观助威如人山人海，一片欢腾，展示了中华民族不屈的精神。看到这里，张学良将军激动地把一枚刻有“力挽狂澜”题字的银盾献给这位优胜者，表现了对振兴中华体育的热切期望。

第二，精神不垮。

张学良是一位颇有军事才能的、有正义感的著名爱国将领。他一生爱国，希望国家统一富强，并且视之为做人之本。数年前，他在接受大陆记者采访时仍坚定地表示：“为国家，为民族，我当鞠躬尽瘁，死而后已。”

张学良具有随遇而安的胸襟，这既是大将的风度，也是他长寿的秘诀，不论在哪种生活环境中，他都能把握住自己，把握住生活。他尽管不幸被国民党政府蛮横囚禁达54年之久，历尽磨难，但是他仍然能够适时排遣烦闷，制怒熄火，解忧消愁，进行自我控制和调节，寻找新的生活乐趣。他在九秩寿宴上自豪地说："除了老了，我没有崩溃！"这种"精神不垮"的心理品质，实际上是一种心理健康的表现，也是他身体健康的重要因素。

第三，兴趣广泛，动静结合。

张学良在事业方面算上是文武双全的人物，在生活中爱好也是很广泛的。当年能驰骋疆场，后来能潜心钻研，文静于书斋之中。所以说，他是一个喜动也喜静的人物，这种动中有静，静中有动，动静相宜的养生之道实在很重要。这使我们想起清代名医董凯钧对动与静的一段精辟论述："龟静而寿，蟾蜍亦静而寿；鹿动而寿，猿亦动而寿……喜静则静，喜动则动，动中思静，静中思动，皆人之常情也。更知静中亦动观书，动中亦静垂钓，无论动静总归于自然，心情开旷，则谓之养生也可，若心情不开旷，静也不是，动也不是。最静之人，食后亦宜散步，以舒调气血，好动之人，亦宜静坐片时，心凝形神。"

张学良大概是知晓这段精辟论述吧，他把静中寓动、动中寓静之关系处理得如此和谐、适度。他除了散步、垂钓和其他健身活动外，还喜欢幽兰养性，他养植了二百多盆兰花和养殖了许多观赏鱼。他还喜欢静默书斋读书、看报、看电视，大陆出版的许多有关他的书报，他几乎都看过了。他长期钻研明史，继而研究清史、民国史和东北史。他还精通《周易》。晚年，他坚持学习英语，专心研究神学，并翻译出版了《相约在骷髅地》一书。他喜好诗书画，常以品评鉴赏字画自娱。

第四，夫妻恩爱。

张学良与赵四小姐这对患难夫妻，并肩携手走过了六十多年的蹉跎岁月，始终相爱相依相随，无怨无恨无悔。赵四小姐无比知心的关怀，给了张学良心灵创伤以极大的抚慰。讲起他们夫妻关系时，张学良动情地说：“要不是这些年幽居岁月我们相依互靠，我不知会落到何种地步！”

第五，会吃会睡。

张学良晚年饮食简单，多吃糙米、面食和蔬菜，生活又很有规律。当有人向他请教养生之道时，他说：“我没有什么特殊的养生之道，只是会吃会睡。”他的话说得非常简练，但寓意相当深刻。每个人每天都需要吃和睡，但是否每个人都能将吃和睡与养生联系起来呢？不尽然，饮食与睡眠里面也有科学，每个人都应根据自己不同的身体条件，科学地安排饮食与睡眠，真正做到“会吃、会睡”。

### ◎故事感悟

情绪稳定，勤于锻炼，合理饮食，可以说这是张学良长寿的秘诀所在。张学良正是充分地意识到了“怒伤肝、喜伤心、忧伤肺、思伤脾、恐伤肾”，因此在人生大起大落之时，依旧保持着良好的心态。

### ◎史海撷英

#### “东亚病夫”的由来

“东亚病夫”一词最早名为“东方病夫”，出自上海《字西林报》（英国人主办的英文报纸）于1896年10月17日登载的一篇文章，作者是一个英国人。

1936年柏林奥运会上，中国申报了近三十个参赛项目，派出了一百四十余人的代表团。在所有的参赛项目中除撑杆跳高选手进入复赛外，其他人都在初赛中即遭淘汰，最终全军覆没。中国代表团回国途经新加坡时，当地报刊上发表了一幅外国漫画讽刺中国人：在奥运五环旗下，一群头蓄长辫、长袍马褂、形容枯瘦的中国人，用担架扛着一个大鸭蛋，题为“东亚病夫”。从此，“东亚病夫”就成了外国人对中国人的贬称。

## ◎文苑拾萃

### 张学良故居

张学良故居位于今天津市和平区赤峰道78号，是一所西洋集仿式楼房。张氏在20世纪二三十年代来津常住此处。

张氏故居有前后两幢砖木结构楼房，前楼建于1921年，为三层带地下室；后楼为二层，建于1926年。两幢共有楼房42间，建筑面积1270.4平方米。建筑总面积1401.65平方米，总占地面积996.7平方米。

该所建筑造型豪华、美观、大方。前楼正面二三层设有屋顶平台；室内宽大考究，内部楼梯、地板、门窗等均采用菲津宾木料；卫生设备俱全，院内广植草坪。

该楼以张寿懿（张作霖五夫人）名义购自法国领事馆。1949年后张寿懿去香港，由其子张学铨管理出租。1956年进行私房改造后由国家经营，1960年改按公产掌管。

# 韩作黎的养生之道

◎生命在于运动。——谚语

韩作黎（1918—1998年），河南邓县（今邓州）人。我国著名的教育家、儿童文学作家。1939年加入中国共产党，肄业于延安大学社会科学院。曾任延安八路军抗属子北小学教导主任、化北育才小学副校长。新中国成立后，历任教育部视导司视导员、育英小学校长，中共北京市西城区委文教书记，北京市教育局局长，全国教育学会第一、第二届常务理事，北京市教育学会会长，中国作协北京分会儿童文学委员会主任。是第五届全国人大代表。1979年加入中国作家协会。著有《二千里行军》、《圣地红烛》、《儿童文学集》、《教育文集》、《拦羊的人》、《保育班长》、《小迷瞪是傻瓜吗》、《韩作黎作品精选》等。《二千里行军》译有3种外文版本在国外发行。《圣地红烛》获优秀读物奖。

韩作黎是我国著名的教育家、儿童文学作家。

韩作黎在75岁高龄时，依然精神矍铄，身体健壮，坚持不懈地进行儿童文学创作，从事关心下一代的各种社会活动。他的工作日程安排得满满的，甚至比在职的同志还要繁忙，有时一天出去很晚才回家，有时还风尘仆仆地去外地参加各种活动。

韩老为什么有这样充沛的精力呢？因为他非常讲究健身之道，这主要体现在四个方面：

一是一颗童心在丹田。韩老自1938年参加革命，从事教育工作五十余年，做过教师、教导主任、校长，还多年任北京市教育局长。不管是在革命战争年代，还是在和平时期，他总是怀着一颗童心，热爱孩子，热爱教师，热爱教育事业。“为了孩子，为了明天”是韩老一生总结出的“八字真经”。韩老在1981年时主动要求退居二线，1986年底离休。韩老人离开了工作岗位，但是他的心一直没有离开自己一生为之奋斗的事业。他围绕关心下一代健康成长，经常参加一些活动，写文章，创作小说。他还经常到他家附近的汇文中学、白桥小学和南城根小学，了解学校的情况，关心教师的生活，给师生讲革命传统、讲革命故事、讲师德，有时还到外地去作报告。据粗略统计，1991年，韩老给师生作报告听众达两千多人次，1992年超过三千人次。正因为韩老有一颗永不泯灭的童心，有远大理想，所以他总是精神饱满，生活愉快。

二是加强体力锻炼，同时注意思维活动。韩老非常同意18世纪意大利一位著名医生所说的“生命在于运动”的观点。他喜欢打乒乓球，在延安时，没有条件就用木板作拍子。年轻时他常洗冷水浴，20世纪50年代他接受清华大学著名体育教授马约翰的建议，洗热、冷浴，用热水洗完再用冷水洗。他还自编一套按摩健身操，其中还有点气功，每天早晚做，坚持多年。

韩老还注意经常有意识地思考问题，看书，看报，注意发展自己的思维，有时夜间醒来，就思考一下一天当中都做了哪些事，第二天还要做什么事。这叫“清夜自思”。由于注意思维活动，韩老当时头脑还很清醒，记忆力很强。

三是饮食上多元素。韩老从不忌口，什么都吃，想吃什么就多吃一些。由于食而杂，身体就可以吸收多种元素，有益于健康。

四是注意劳逸结合。平常，他每天中午都要睡一会儿；有时出去一天参加活动，下午四五点钟回来，赶紧补一个觉。这样，能够保持头脑总是清醒的。

**◎故事感悟**

童心是一个成年人快乐的源泉，韩老人至老年心却保留在童年，这种乐观向上的积极心态为他的身体赢得了一个良好的基础，加之注重饮食搭配，工作上张弛有度，自然神色红润，头脑清醒。韩老的养生方法是与我国传统养生一脉相承的，为后人作出了榜样。

## ◎史海撷英

### 延安大学

延安大学成立于1941年，当时中共中央政治局决定将陕北公学、中国女子大学、泽东青年干部学校合并成立延安大学，吴玉章任校长。在随后的1943年至1944年，延安鲁迅艺术文学院、自然科学院、民族学院、新文字干部学校和行政学院相继并入。1949年延安大学迁至西安，更名为西北人民革命大学。

1953年西北局决定将西北人民革命大学改组为西北政法干部学校，次年底改组为中央政法干部学校西北分校。1958年9月，西北大学法律系调入中央政法干校西北分校，成立西北政法学院，学校成为全国四所政法院校之一，也是西北地区第一所高等政法院校。在艰苦的战争岁月，延安大学努力贯彻学以致用的方针，培养了大批优秀的专业人才，为抗日战争和解放战争的胜利，为新中国的繁荣和富强作出了重要贡献，在中国高等教育史上有着重要的历史地位和特殊的政治地位。1998年延安大学与延安医学院、延安市人民医院合并成立新的延安大学，被陕西省确定为重点建设大学。

## ◎文苑拾萃

### 儿童文学

儿童文学指的是专为少年儿童创作的文学作品。儿童文学特别要求通俗易懂，生动活泼。根据不同年龄阶段的读者对象，儿童文学又分为婴儿文学、幼年文学、童年文学、少年文学，体裁有儿歌、儿童诗、童话、寓言、儿童故事、儿童小说、儿童散文、儿童曲艺、儿童戏剧、儿童影视和儿童科学文艺等。

# 张广德创建导引养生功

◎举世而誉之，而不加劝；举世而非之，而不加沮。——佚名

张广德（1932— ），北京体育大学第一代武术研究生，享有国家特殊津贴教授，中华武林百杰，中国武术八段，现任北京体育大学导引养生中心名誉主任。张广德教授以易学的哲理及祖国医学中的经络学说、阴阳五行学说和气血理论为指导，以强身健体、防治慢性疾病为目的，创编了导引养生功体系。目前导引养生功已进入北京体育大学本科生和研究生课堂，成为北京体育大学特色课程。1996年被国家确定为首批全民健身计划推广项目，现已在全国各地和六十多个国家和地区得到推广和普及。

在首届“濮阳杯”导引养生功国际邀请赛上，只见一位气功大师满面红光，神采奕奕。他就是导引养生功的创始人，北京体育学院张广德教授。

看到张教授精力非常充沛的样子，谁会想到，他已到花甲之年，18年前曾是一个肺癌患者。是什么灵丹妙药使他从一个患了不治之症的垂危病人变成了一个健康的人呢？故事要从头说起。

1932年，张广德教授出生于河北省丰润县，13岁开始习武，1955年考入北京体育学院主修武术专业，在著名武术教育家张文广教授的培育下，他成为我国有史以来的第一代武术研究生。正当他满怀激情投身于武术事业的时候，相继发现了高血压、心脏病、肝炎等疾病。旧病未除，1974年他又被确诊为肺癌，不久又得了血液病。由于他还是过敏性体征，不能用药，生命处于垂危之中。但他没有被病魔吓倒，而是与疾病展开了顽强的斗争。

为了寻找不药而医、对症练功的安全有效办法来战胜疾病，他在病榻上

以惊人的毅力苦读医学经典，结合自己的武功和祖传中医，潜心研究病理治则，当年就创编成了具有明显医疗针对性、辨证论治的导引“养生功”。

导引，气功的古称，是呼吸运动、意念运动和肢体运动三者相结合的一种祛病健身功夫。养生，就是保养身体，延长寿命。“导引养生功”就是对症练功，如同吃药一样，有什么病练什么功，共有22套功法，能治128种病(包括癌症)。用这套功法，张教授不仅医好了自身的各种疾病，也医好了全国数以万计的患各种疾病的人。总有效率达95%，因此得到了中外医学界、生理界和体育界有关专家、学者的热情赞誉和积极肯定。

在这以后，他又广泛吸收中医学、西医学、生理学、解剖学、心理学、教育学、哲学、美学、音乐及武术传统文化等有关部分，经过大量临床应用、实验室研究和总结社会推广经验，逐渐形成了一门新型学科——导引养生学。1991年3月，中国高等教育学会成立了导引养生学专业委员会；1992年“导引养生功”荣获国家体委体育科学技术进步奖。

为了把这一中华传统文化传播到世界各地，张广德教授经常到日本、新加坡、马来西亚、法国等国家讲学、传播功法。目前，导引养生功已普及到38个国家和地区的四百多万人。

## ◎故事感悟

被世人认为不治之症的癌症在遭遇到一个良好的传统养生方法后也不得不选择了退缩与消亡。张广德教授用其顽强的毅力以及对生命的渴望自修了“导引养生功”，为后人作出了征服癌症的表率。他以不争的事实向人们谱写了人生旅程当中的一曲壮丽凯歌。

## ◎史海撷英

### 气功的历史沿革

气功发源于中国。原始的气功一部分称为“舞”。中国的气功有几千年的历史，可气功这个词的出现时间并不是很早，它首先见于晋朝许逊著的《灵剑子》一书。据考察认为此书不是许逊亲自所著，因为书中有很多气功术语都是宋朝以后才开始用的，所以成书时间不会早于宋朝，但它的思想可能是许逊这个门派师传徒，一代一代口传心授传下来的。

史料表明，在晋、隋、唐这一时期，有很多古人用气来命名的著作，如《气诀》、《气经》等，书中写的都是练气、用气的内容。《气经》中讲了几十种练气、用气的方法，连发放外气的方法都有，叫“布气”。以后的宗教淹没了气功，气功的名词就没了。

金、元以后，很多练功夫的人为了抵外族的侵略，将气功的修炼用到武术上来，逐渐形成了武术气功。随着武术气功的发展，武当派、少林派两大家逐渐形成。清末有了武当派的著作，也有了少林派的著作《少林拳术秘诀》，内有专章叫《气功阐微》，专门阐述气功。

1931 年王竹林正式出版了《意气功详解》一书，直接以气功命名。很多医生通过学练道家、佛家功夫，把它用到医疗上来，称之为“气功疗法”。最早是1934年董浩写的《肺痨病特殊疗法——气功疗法》，1938年方公溥又出版了《气功治验录》，还创立了“公溥气功治疗院”。

## ◎文苑拾萃

### 养生太极剑

养生太极剑（短袍）是张广德教授创编的一套融武术太极、导引气功和诗歌、书画、音乐为一体，具有传统养生保健文化特色的剑术。它是一首祝君吉祥如意、万事亨通的诗篇，是一幅祝君平安美满、福寿康宁的画卷。它既不失一般剑术的风格，又特点独到、雅趣自成。

# 骆玉笙健身有道

◎以治气养生，则后彭祖；以修身自名，则配尧舜。——荀子

骆玉笙（1914—2002年），艺名小彩舞，全国政协第七、第八届委员，原中国曲艺家协会主席，著名曲艺表演艺术家，骆派京韵大鼓的创始人。代表作品有《剑阁闻铃》、《红梅阁》、《子期听琴》、《伯牙摔琴》、《击鼓骂曹》、《丑末寅初》以及四世同堂主题曲《重整河山待后生》等。

骆玉笙是中国著名的艺术家，她4岁开始学艺，7岁登台演出，从艺几十年，享誉中外曲坛。数年前，已80高龄的她依然活跃于舞台，一曲《四世同堂》主题曲，激扬高亢的“千里刀光影”令举国老少皆醉。这位风雨沧桑四个时代的艺术家，哪来这么大的精神气儿呢？还是听听骆老自己的介绍吧！

骆老说：“人要活得好，当然首先要保养身体。”多少年来，骆老的生活一直很有规律。每天晚上11点睡觉，早晨八九点钟起床。早餐是一杯牛奶加咖啡，吃几块点心。骆老一天三餐，晚上若有演出则加一餐。骆老喜欢吃素，从不挑食，除辛辣之物外，什么都吃，特别喜爱海鲜。不过骆老说：“吃什么都有一个度，点到为止。”骆老从不吸烟喝酒，也没有打牌、搓麻将的嗜好。演唱之余，就是读报，她每天读《人民日报》、《文汇报》、《天津日报》和《人民政协报》。在她的影响下，孩子也喜爱读报，评报。每日晚饭后，老少同堂，读报论国，其乐融融。

当时，骆老虽已80高龄，但每天仍坚持练功，她把练功作为锻炼身体的最好方式。骆老说：“我每天的练嗓和演唱都是气功的运行。我每一次发声，

都感觉有一股气从脚底往上走，直冲脑顶。”这正是骆老锻炼身体的特色所在。

骆老的另一健身之道就是讲修养。她说：“保养重要，但修养更重要。人生难得一帆风顺，天灾人祸面前，要能调整好心态。我经历了军阀、日本、国民党、共产党四个时代，还是社会主义好。过去边唱边落泪，受气受压迫地活过来，实在不易，所以现在要珍惜再珍惜。”骆老的话道出了修养健身之奥妙！

骆老饱受旧社会35年的风风雨雨，其间的种种苦难，可想而知，但她挺过来了。就在1992年4月，她唯一的儿子突患心肌梗死，先她而去。白发人送黑发人，这是何等的悲哀。老人有泪不轻弹，又一次挺过来了。她说：“哭也没有用，他是作为优秀党员、优秀教师而去的，我还心安理得些。我仍要为观众服务，不离开舞台。”几天后，她就应邀赴重庆演出，表现出一位大艺术家的胸怀和修养！

## ◎故事感悟

骆老心胸开阔，注重心理调节与情绪稳定，使其每天保持一个愉悦的心情。可以说，“保养加修养，修养更重要”。我们在钦佩她达观而肃然起敬的同时，也应向之学习。

## ◎史海撷英

### 《人民日报》

《人民日报》是中国第一大报，被联合国教科文组织评为世界上最具权威性、最有影响力的十大报纸之一。《人民日报》是中国共产党中央委员会机关报。1948年6月15日，由《晋察冀日报》和晋冀鲁豫《人民日报》合并而成的中共华北局机关报。《人民日报》在河北省平山县里庄创刊，毛泽东同志为《人民日报》题写报头。1949年3月15日，《人民日报》迁入北京（即当时的北平）。同年8月1日，中共中央决定将《人民日报》转为中国共产党中央委员会机关报，并沿用了1948年6月15日的期号。

## ◎文苑拾萃

### 《剑阁闻铃》

这是骆玉笙的代表作。《剑阁闻铃》是一篇优美动人的抒情诗，是清代韩小窗所作。描写唐玄宗避安史之乱，唐明皇在马嵬坡赐死杨玉环以后，继续入蜀。西行途中夜宿剑阁，在冷雨凄风伴随叮咚作响的檐铃声中，思念惨死马嵬坡的爱妃杨玉环，一夜未眠到天明的情景。浓郁的抒情色彩使《剑阁闻铃》明显地不同于其他流派，当之无愧地成为了骆派最著名的唱段。在骆玉笙之前的京韵大鼓，特别是刘派的曲目，大多以敷衍故事为主，而《剑阁闻铃》却以抒情为主，用哀婉凄凉的曲调，极力渲染秋风秋雨中行宫的萧条寂寞。骆玉笙基于对唱词的反复品味，运用娴熟的演唱技巧，细腻勾画出唐明皇抚今追昔，悔、愧、怨、恨交织的复杂心情。使人听后如饮醇醪，不觉醉入其中，堪称不可多得的艺术精品。这段节目她自20世纪40年代起演唱，60年来始终不衰，并以此获得金唱片奖。

# 刘柏龄谈养生

◎饮食有节，起居有常。——谚语

刘柏龄（1927— ），吉林扶余人。中共党员。长春中医学院终身教授、研究生导师，国家500名老中医之一，享受国务院政府特殊津贴，“二十世纪中国接骨学最高成就奖”获得者。其名字及业绩被收进《中国当代中医名人志》等5部大型志书中。曾先后主编《中国骨伤科学·治疗学》、《中医骨伤科各家学说》、《中医骨伤科学》等18部著作。发表学术论文40余篇，其中《运用中医肾主骨的理论治疗骨质增生病的体会》、《股骨头无菌性坏死的辨证施治》等论著。

刘柏龄先生现已步入耄耋之年，但思维敏捷，身体硬朗，步履稳健，一点不逊色于年轻人，并且依然有精力出诊、讲学、开会、出差。有人出于好奇，在询问起其养生之道时，他说“事事如棋，让一步不会亏我；心田似海，纳百川方能容人”，一句话体现出了一位老中医的宽阔胸襟。他说，凡事保持一种平常心态和乐观情绪，才能正确对待自己，正确对待他人，正确对待社会。

20世纪60年代初，刘柏龄全家刚到长春，一家老小挤在十几平方米的房间里，生活也较为困难。有类似处境的其他人对这样的生活条件不满，发牢骚。而刘柏龄先生则认为，不是医院不安排大房子，是当时没有条件，我们要体谅领导的难处。

后来，刘柏龄心平气和地在这个小屋生活了13年。日子虽然清贫，却感到满足，并以苦为乐，笔耕不辍，写出了近二十篇有价值的学术论文，此外还首创了治疗骨质增生病新药“骨质增生丸”。该药应用半个多世纪，共治疗骨病患者十多万例，总有效率在90%以上，填补了治疗骨赘病（骨质增生）的国内外空白，目前该药已纳入国家《药典》。

当今社会发展迅速，物质利益诱惑着许多人，刘柏龄对此很看得开。他说，只要吃饱穿暖，其他东西生不带来，死不带去，都是多余的。他不羡慕别人的高档名车、富贵豪宅，以自己简单的方式生活着、工作着。此外，刘老还提出，遇事要不激动，不急躁，保持镇定、乐观的良好心态，这对身体大有好处。

在提及饮食时，刘老则提到“饮食有节，起居有常”的中医养生理念，行医几十年的刘柏龄对之深信不疑。

刘柏龄的饮食习惯是早餐吃饱，午餐吃好，晚餐吃少。他认为应什么都吃，营养才全。如粗细搭配，荤素搭配，蔬菜水果搭配，每顿饭要有节制。他自己能喝酒，年轻时一顿能喝半斤，喜欢吃肉，特别是红烧肉。如今上了年纪，他控制了酒量，肉吃得也少一些了。他几十年如一日，坚持每天早晨5点多钟起床，然后到外面散步，呼吸新鲜空气。30分钟后回房间，用过牛奶、馒头等早餐后，7点半乘车上班。中午，吃米饭或面食，再加上鱼或肉以及蔬菜等，保证营养均衡。晚饭常喝粥。之后，看看电视节目，有时再看一会儿书，一般在11点以前入睡。

除了平日里经常散步之外，适当用脑也是运动的一部分。刘柏龄认为，老年人多看书读报，多提笔写字，可刺激脑细胞，使其经常处于兴奋状态，可以避免老年痴呆。

一辈子爱好看书写文章的刘柏龄，多年来在国内外医学杂志上发表学术论文四十余篇，其中关于“肾主骨”的理论在骨伤科临床应用方面形成自己的独特风格，居于国内领先地位。1987年，他撰写的题为“运用中医肾主骨的理论治疗骨质增生病的体会”论文，在中医药国际学术大会上获得优秀论文奖。他还编写出版了医学著作18部，对推动中医骨伤科事业发展起到重要作用。

除此之外，刘柏龄既看重事业，也看重家庭。他说，老年人儿女绕膝、含饴弄孙是一大乐事，尽享天伦之乐对于健康长寿很有帮助。刘柏龄常举行家庭宴会，老老少少聚在一起，谈时政，谈工作，谈生活，谈家庭，非常热闹。大家互相关心，互相帮助，互相鼓励，忧烦之事得以化解，愉快之情大家分享，四世同堂，其乐融融。

## ◎故事感悟

从刘柏龄的养生论中，我们可以得出精神愉快是最好养生方略的结论。刘柏龄一生之中不如意之事不少，但无论何时何地，他都能心平气和并乐观面对。简单地说，一个人的生活习惯可以逐步养成，但处事的性格却不是一蹴而就的，因此可以说，养生基本上便与养性相通了。刘柏龄这种乐观的态度值得我们学习。

## ◎史海撷英

### 中医

中医起源于原始社会，春秋战国中医理论已经基本形成，其主要标志是出现了解剖和医学分科，并且已经采用“四诊”，治疗法有砭石、针刺、汤药、艾灸等。

西汉时期，医生开始用阴阳五行解释人体生理，出现了“医工”、金针、铜钥匙等。东汉出现了著名医学家张仲景，他已经对“八纲”(阴阳、表里、虚实、寒热)有所认识，总结了“八法”。华佗则以精通外科手术和麻醉名闻天下，还创立了健身体操“五禽戏”。唐代孙思邈总结前人的理论并总结经验，收集五千多个药方，并采用辨证治疗，因医德最高，被人尊为“药王”。唐代以后，中国医学理论和著作大量外传到高丽、日本、中亚、西亚等地。两宋时期，宋政府设立翰林医学院，医学分科接近完备，并且统一了中国针灸由于传抄引起的穴位紊乱，出版《图经》。金元以后，中医开始没落。明清以后，出现了温病派、时方派，逐步取代了经方派中医。在明朝后期成书的李时珍的《本草纲目》标志着中药药理学没落。

自清朝末年，中国受西方列强侵略，国运衰弱。同时现代医学（西医）大量涌入，严重冲击了中医发展。中医学陷入存与废的争论之中。2003年“非典”以来，经方中医开始有复苏迹象。

## ◎文苑拾萃

### 药典

药典是指一个国家记载药品标准、规格的法典，一般由国家卫生行政部门主持编纂、颁布实施，国际性药典则由公认的国际组织或有关国家协商编订。制定药品标准对加强药品质量的监督管理、保证质量、保障用药安全有效、维护人民健康起着十分重要的作用。

药典是从本草学、药物学以及处方集的编著演化而来。药典的重要特点是它的法定性和体例的规范化。中国最早的药物典籍，比较公认的是公元 659 年唐代李淳风、苏敬等 22 人奉命编纂的《新修本草》。全书 54 卷，收载药物 844 种，堪称世界上最早的一部法定药典。截至 20 世纪 90 年代初，世界上至少已有 38 个国家编订了国家药典。

ZHONGHUACHUANTONGMEIDEBAIZIJING

中华传统美德百字经

**养·修性养身**

# 第二篇

## 养生之道，重在方法

# “龟虽寿”之曹操

◎健康如金银，我们失去时，始真知其价值。——谚语

**曹操（155—220年），字孟德，一名吉利，小字阿瞒，沛国谯（今安徽省亳州市）人。中国东汉末年著名的军事家、政治家和诗人，三国时期魏国的奠基人和主要缔造者，后为魏王。其子曹丕称帝后，追尊为魏武帝。**

“神龟虽寿，犹有竟时；腾蛇乘雾，终为土灰；老骥伏枥，志在千里；烈士暮年，壮心不已。盈缩之期，不但在天；养怡之福，可得永年。幸甚至哉！歌以咏志。”这是魏武帝曹操的脍炙人口的一首言志诗。诗中不仅展现了曹操垂暮之年那种积极进取、壮志不衰的雄风和豪迈超脱的胸襟，也集中地体现了他的养生思想及其对生老病死所持客观唯物的科学态度。

历史上的皇帝虽贵为“天子”，但面对死亡的阴影都十分害怕。秦皇、汉武、唐宗、宋祖等君主，都曾做过“不死梦”，迷恋长生不老，由此而流传不少轶闻。唯有曹操能直面人生，“神龟虽寿，犹有竟时；腾蛇乘雾，终为土灰”，客观地体现了他对于死的旷达精神。连龟蛇一类的“灵物”尚有生命的极限，更何况于人？有生必有死，这是自然界任何生态发展的必然。因此，曹操对生与死持乐观态度。又从“盈缩之期，不但在天；养怡之福，可得永年”中看出他的唯物观点：人的寿命并不完全听天安排，不仅仅取决于先天的禀赋和素质，更重要的是依靠后天的积极调节和保养。他认为只要有恰当的养生之道，就可以活到高龄。

唯其如是，曹操虽然生活在中国历史上政局动荡不安、烽烟四起、战乱终年的时代，饱经离乱忧患，日夜操劳军国大事，一生大多数岁月是在东征西战的戎马倥偬生涯之中度过的，但竟然活了66个春秋。这在那个时代堪称高龄者了。这显然与他的养生之道分不开的。

## ◎故事感悟

曹操有“老骥伏枥，志在千里；烈士暮年，壮心不已”的高旷风标，不像其他帝王那样奢侈，沉湎于锦衣玉食。这在中国历代帝王将相中，实在是屈指可数。“盈缩之期，不但在天；养怡之福，可得永年”。这是一曲养生之道的千古绝唱，也是曹操留给后世养生长寿的精髓。

## ◎文苑拾萃

### 观沧海

曹操

东临碣石，以观沧海。
水何澹澹，山岛竦峙。
树木丛生，百草丰茂。
秋风萧瑟，洪波涌起。
日月之行，若出其中；
星汉灿烂，若出其里。
幸甚至哉，歌以咏志。

# 葛洪提倡“胎息”养生法

◎人生要走万里路，迈好强身第一步。——唐启开

葛洪（284—364年），字稚川，自号抱朴子，东晋丹阳郡句容（今江苏句容县）人。东晋道教学者、著名炼丹家、医药学家。三国方士葛玄之侄孙，世称小仙翁。他曾受封为关内侯，后隐居罗浮山炼丹。著有《神仙传》、《抱朴子》、《肘后备急方》、《西京杂记》等。

葛洪，东晋道教学者、著名炼丹家、医药学家。他的养生方法主要体现在《抱朴子》内篇之中，他的养生方法概括起来就是“服丹守一，与天相毕；还精胎息，延寿无极；以药物养身，以术数延命，使内疾不生，外患不入”。这些方法中，有精华，也有糟粕。

葛洪作为一个医学家，他的养生之道在附和神仙方术的同时，还继承了前人的导引术（导引是中国古代的健身方法）。他提倡“胎息”，即模拟胎儿呼吸的行气方法，强调“导引”。他说：“养生之尽理者，朝夕导引以宣动荣卫，使无辍阂。”他所讲的“荣卫”，是指人的营养作用和防卫机能，通常泛指祖国医学所讲的“气血”。“宣动荣卫”，就是畅通气血，使它不滞着受阻，引起疾病，从而达到健身目的，即“疗未患之患，通不和之气”。葛洪对“导引”的这种认识是积极的、正确的，是他养生思想中的精华。

在导引的形式和方法上，葛洪提出“夫导引不在于立名、象物、粉绘、表形、著图，但无名状也。或屈伸，或俯仰，或倚立，或踯躅，或徐步，或吟，或息皆导引”的见解。这段话的意思是，导引的形式和方法，不要拘泥

于名称、图像、术式，不管坐、卧、立、走，都可以随意导引。葛洪的这些见解为导引的推广、普及和创新提供了极为有利的条件。

葛洪的养生方法具有一定的开拓性，不拘泥于某一种方法。他作为一个医学家除了重视药养之外，还重视“行气”。“行气”是道家的吐纳之道。他在《抱朴子·至理》中重申了他对“行气”的看法：“服药虽为长生之术，若能兼行气者，其益甚速。若不能得药，但行气而尽其理者，亦得数百岁。”

葛洪重视“行气”养生，并主张用“胎息法”。其具体方法是：“鼻中引气而闭之，阴以心数至一百二十乃已。吐之及引之，皆不欲令自耳闻其气出入之声，常令入多出少，以鸿毛著鼻口之上，吐气而鸿毛不动为候也。渐习转增其心数，久之可以至千。”

葛洪对呼吸与寿命长短关系的认识，虽然不可能达到现代科学认识的高度，但他倡导的“胎息法”类似印度的瑜伽术（一种调息、静坐的方法）。瑜伽师认为，呼吸与寿命有密切的关系，并用了一些事实来证明。他们的结论是呼吸越少，寿命越长。这个结论与葛洪“胎息”养生法有共同之处。至于这个结论是否科学，这是医学上的研究课题，我们这里暂且不论。但葛洪的“胎息”养生法，的确为中国的养生学和医学提出了一个十分有价值的研究课题，这是很了不起的，也是对养生理论的一大贡献。

葛洪关于养生的方法所涉及的面比较广，他在《抱朴子·内篇·极言》中谈到了一些养生方法。他在书中提到：“养生之方，唾不及远，行不疾步，耳不极听，目不久视，坐不至久，卧不及疲，先寒而衣，先热而解，不欲极饥而食，食不过饱，不欲极渴而饮，饮不过多。不欲甚劳甚逸，不欲起晚，不欲汗流，不欲多睡，不欲奔车走马，不欲极目远望，不欲多啖生冷，不欲饮酒当风，不欲数数沐浴，不欲广志远愿，不欲规造异巧。冬不欲极温，夏不欲穷凉，不露卧星下，不眠中见肩，大寒大热，大风大雾，皆不欲冒之。”衣、食、住、行各方面都讲到了，突出了以“养”为主，不足之处是缺乏“动”，基本上属于保守的养生方法。

◎故事感悟

葛洪开创了养生领域的新主张，为人类养生学增添了新的依据。虽然在其观点中存有糟粕，我们应该辩证看待，取其精华。葛洪用其毕生的精力致力于导引养生法的研究与实践，这种刻苦治学的精神值得后人钦佩，而其与我国中医一脉相承的养生方法更值得我们借鉴学习。

◎史海撷英

## 炼丹

炼丹是道教主要道术之一，为炼制外丹与内丹的统称。外丹术源于先秦神仙方术，是在丹炉中烧炼矿物以制造“仙丹”。其后将人体拟作炉鼎，用以习炼精气神，称为内丹术。

内丹术，乃道家及道教人士对气功之称，以修炼成仙而达至长生不老为最终目的。此术以人体为丹炉，故称“内丹”，以别于“外丹”之用鼎为炉。内丹术源于战国之前，盛于唐宋。汉晋唐时代，内丹功渐与道门武学融为一体，成为内家武学。内家武学暗藏内丹术，并能致用，固不少修道者亦以内家武学为炼丹修心之捷径。修炼内丹或内家拳，一般能使弱者体质于一两年内迅速转强。太极拳名家吴图南、陈微明等，均属此列。

而外丹术指的是道家通过各种秘法烧炼丹药，用来服食，或直接服食某些芝草，以点化自身阴质，使之化为阳气。另外，道家外丹也可指“虚空中清灵之气”。外丹术也可指炼金术或道家法术如符箓、雷法等。最早由古代的神仙家、方仙道等发展而来。近代道教学者、前中国道教协会会长陈撄宁认为内丹养生是道教的精华。

# 孟诜的食疗养生论

◎读书以训诂为本，诗文以声调为本，事亲以欢心为本，养生以少恼怒为本，立身以不妄语为本，居家以不晏起为本，居官以不要钱为本，行军以不扰民为本。——曾国藩

孟诜（621—713年），唐汝州人。唐代著名医药学家。少好医药及炼丹术，曾经师事孙思邈学习阴阳、推步、医药。孟诜进士及第，睿宗在藩时，召为侍读。后根据自己几十年的实践经验，搜集了241种兼具医疗作用与营养价值的食品，编成了我国第一部食疗学的专著——《食疗本草》。

在我国古代众多的养生家中，有这样一个流派，他们既不主张呼吸吐纳、运动锻炼，也不主张悦意琴棋、服食药饵，而是提倡食疗。其中的典型代表有南唐的陈士良、元代的忽思慧以及明代的卢和等，相比之下，最负盛名的要数唐代的著名医药学家孟诜了。

书中记载了许多常见的食疗品，如：

鸡：光粉诸石为末，和饭与鸡食之，后取鸡食之，甚补益。人毒热发，可取三颗鸡子白（蛋清），和蜜一合，服之差（差，即好之意）。黄雌鸡，补丈夫阳气，治冷气。瘦着床者，渐渐服之良。

鸭：主补中益气、消食。消十二种虫。白鸭肉补虚。

鹅：卵，补五脏，亦补中益气。（唯）多发痼疾。

鲫鱼：食之平胃气，调中益五脏。

羊奶：补肺肾之气，和小肠，亦主消渴，治虚劳，益精气。

萝卜：服之令人白净肌细。

茶叶：利大肠，去热解痰，煮取汁，用来煮粥良。

柿子：补虚劳不足。红柿，补气，续经脉气。干柿，厚肠胃，温中，健脾胃气，消宿血。

黑豆：令人长生，又益阳道（增强性功能）。

由此我们可知，在孟诜的食疗品中，日常生活中的鸡、鸭、鱼、肉、水果、蔬菜无所不包，真可谓品种齐全，琳琅满目。原来在我们身边竟有这么多既好吃又能养身益寿的宝贝！怪不得孟老先生那么长寿！

这不由使我们想到一句古语："药补不如食补。"在古代，药又被称作"毒"，这里的"毒"指的是药物的偏性，如寒热温凉、酸苦辛咸等等，使用得好当然能治病，但若把握不好，反倒招灾引祸。因此，古代许多医学家都提倡"祛邪用药，补养用食"。五谷杂粮、大米白面，这是人类在漫长的历史过程中，从不计其数食品中，遴选出的性味最平和而营养最丰富的"良药"，它治的正是人类如何生存这个大"病"。

◎故事感悟

食疗学家孟诜独辟蹊径，避药就食，为人们养生开创出了一种新方法。他善于用日常食品养生、保健，既避免了药物的偏性，又使身体强健，寿命延长。他这种在养生领域开拓创新的精神值得赞扬，而其流传下来的食疗主张更值得我们传承与发扬。

◎史海撷英

### 侍读

侍读，在我国古代有两种解释，一种是陪侍帝王读书论学或为皇子等授书讲学；其次指的是一种官名。唐开元十三年（725年）置集贤院侍讲学士与侍读直学士，讨论文史，整理经籍，备皇帝顾问。宋咸平二年（999年）置翰林侍读学士与侍讲学士。金翰林学士院、元翰林兼国史院、明、清翰林院均有侍读学士与侍讲学士。明、清翰林院并设有侍读、侍讲。

◎文苑拾萃

## 《食疗本草》

《食疗本草》为唐代人孟诜所撰。该书是在《千金要方》中“食治篇”增订而成的，记述既可供食用、又能疗病的本草专著。此书是唐代食物药治病专书。原书早佚，仅有残卷及佚文散见于《医心方》、《证类本草》等书中，各本所存佚文出入很大。1907 年，敦煌出土该书残卷，存药 26 味。全书共 3 卷。原书有条目 138 条。

史料表明，书中除收有许多卓有疗效的药物和单方外，还记载了某些药物禁忌，所载食疗方下均注明药性；其次分记功效、禁忌，其间或夹有形态、产地等。另有动物脏器的食疗方法和藻菌类食品的医疗应用，产妇、小儿等饮食宜忌等记述。该书是我国也是世界上现存最早的食疗专著，后世多有引用，是一部研究食疗和营养学的重要文献。可以说，《食疗本草》对研究本草文献及饮食疗法发展史，有重要参考价值。

# 白居易以乐养生

◎谤来不戚，誉至不喜。——葛洪

白居易（772—846年），字乐天，晚年又号香山居士。河南新郑（今郑州新郑）人。我国唐代伟大的现实主义诗人，中国文学史上久负盛名且影响深远的诗人和文学家。白居易的诗歌题材广泛，形式多样，语言平易通俗，有“诗魔”和“诗王”之称。官至翰林学士、左赞善大夫。有《白氏长庆集》传世，代表诗作有《长恨歌》、《卖炭翁》、《琵琶行》等。

白居易虽自幼漂泊，饱经忧患，但养生有方，享年75岁，可以说是一位长寿诗人。白居易的诗篇中，有不少诗句抒写了他的养生之道。

白居易的养生方法有两种：其一，勤练气功，疏通气血；其二，游览名胜，陶冶身心。

我们在其一诗“负宣闭月座，和气生肌肤，初似饮醇醪，又如蛰若旁，外融为骸畅，中适一念无，旷至妄所存，心与虚俱无”中可看出这层含义。该诗的意思是：关着门在幽静的室内练功，练出温和之气，可以使肌肤结实，皮肤健美。起初像喝了甘美的酒如痴如醉，又好像昆虫冬眠，全身乐融融地十分舒畅，好像进入一个极其空旷、虚静的地方，一点杂念也没有了。白居易忙碌了一天，浑身倦怠，夜晚归来，通过练气功调整身心，恢复了精力。

“湛湛正泉色，悠悠浮云身。闲心对定水，清静两无尘。手把青筇杖，头戴白纶巾。兴尽下山去，知我何语人。”其意思是说：西湖玉泉湛清，漫游其间就像悠悠飘荡的浮云，以安闲的心情去看那无波无浪的泉水，我的心也像泉水那样洁白恬静，不染一尘。手拄青竹拐杖，头戴白色纶巾，边走边看，直到尽兴才下山，我已完全陶醉在大自然的美景中，连自己都忘了。这是白居易的一首典型的游览诗。白居易闲居无事时，便与农田菜圃为邻，清晨踏着露水耕地，除草，然后荡起小舟去游玩，或闲庭散步，或柳荫赋诗，恬然自乐。

白居易对当时士大夫阶层所流行的求仙学道、服食炼丹、以求长生不老的做法非常反感，他说："莫学长生去，仙方误杀君。"白居易还认为，人的寿命长短，并不在于肥瘦贫富。

## ◎故事感悟

白居易一生胸怀宽阔，情绪乐观。"野火烧不尽，春风吹又生"，"生事纵贫犹可过，风情虽老未全销"，都显示了他乐观向上的精神。心态决定成败，也决定一个人的身心健康。

## ◎史海撷英

### 翰林学士

翰林学士是古代的一种官名。学士一职始设于南北朝，唐初常以名儒学士起草诏令而无名号。至唐玄宗时，于翰林院之外别建学士院，选有文学的朝官充任翰林学士，入直内廷，批答表疏，应和文章，随时宣召撰拟文字。德宗以后，时事多艰，翰林学士成为皇帝最亲近的顾问兼秘书官，经常值宿禁中，承命撰草任免将外、册立太子、宣布征伐或大赦等重要文告，有"内相"之称。其加知制诰衔者即等于暂代中书舍人，因之，充学士者经中书舍人，往往即能升任宰相。北宋翰林学士承唐制，仍掌制诰。此后地位渐低，然相沿至明清，拜相者一般皆为翰林学士之职。清以翰林掌院学士为翰林院长官，无单称翰林学士官。

◎文苑拾萃

## 卖炭翁

（唐）白居易

卖炭翁，伐薪烧炭南山中。
满面尘灰烟火色，两鬓苍苍十指黑。
卖炭得钱何所营？身上衣裳口中食。
可怜身上衣正单，心忧炭贱愿天寒。
夜来城外一尺雪，晓驾炭车辗冰辙。
牛困人饥日已高，市南门外泥中歇。
翩翩两骑来是谁？黄衣使者白衫儿。
手把文书口称敕，回车叱牛牵向北。
一车炭，千余斤，宫使驱将惜不得。
半匹红绡一丈绫，系向牛头充炭直。

## 梁武帝的长寿养生经

◎每日饭后走数千步，是养生家第一秘诀。——曾国藩

梁武帝（464—549年），字叔达，小字练儿。南兰陵中都里人（今江苏常州市武进区西北）。南梁政权的建立者，庙号高祖。

在我国古代二百三十多个皇帝中，长寿冠军是清朝乾隆皇帝，89岁；第二名是南北朝梁武帝。着实令人感到惊叹的是，梁武帝80多岁还能上阵征战。他的长寿之道是：乐于读书，勤奋写作。梁武帝自幼酷爱读书，长于文学，早年与著名文人沈约齐名。当皇帝后仍手不释卷，明人辑有《梁武帝御制集》；其次是精乐律，梁武帝对琴、棋、书、画样样精通。

史料记载，梁武帝创制“准音器”四个，名“通”，又制长短不同的笛子12支，以应12律。他还善书法，原有集，但已失传。

其次是生活俭朴。梁武帝一上台就做出简朴、开明帝王的样子，一日三餐粗茶淡饭、不喝酒，有时一天只吃一顿饭，举行宴会也全部是素食，原因是他崇信佛教，戒杀生。他每天天不亮就起床，批阅奏折，生活很有规律。与绝大多数帝王懒散、花天酒地的生活形成鲜明对比。

再者是节制房事。梁武帝曾四次舍身入寺，因而被称为“和尚皇帝”、“菩萨皇帝”。历代帝王名正言顺地有三宫六院，由于放纵性生活，肾亏大伤元气，以致身体各器官功能失调、早衰。梁武帝刚过50岁就停止了房事，顺应了“养心莫善于欢”的道理。

◎故事感悟

高雅的精神追求，良好的作息规律与节欲是长寿的秘诀所在。其实一个人身体好坏不取决吃多少补药，而在于精神领域的满足与规律作息，更重要的是不可违背自然循环的规则，节欲养性。

◎史海撷英

## 南梁政权

南梁（502—557年）是中国历史上南北朝时期南朝四个朝代中的第三个朝代，由萧衍取代齐朝称帝，都建康（今江苏南京），国号梁，因为皇帝姓萧，又称萧梁。梁朝后期国势败坏，北齐和西魏相继来攻，失去了大片土地，注定了北强南弱之势。萧方智时陈霸先废帝自立，改国号陈。另外萧衍的孙子萧詧曾在江陵建立西梁，传三帝，后亡于隋。

◎文苑拾萃

## 乐律

音乐中的乐音有高有低，这种高低是由发音体振动的频率决定的。人们必须确定每个音的准确音高（即确定频率的多少），唱歌奏乐时才能统一和谐，制造乐器定音才有根据；而且，还必须确定音与音之间的相互关系（即音与音频率的比例），由各音构成的序列才能有序及和谐。人们经过研究和实践，确定了各音的准确高度及其相互关系，例如，确定C调的中音6的高度为频率440次，确定各音与它的高八度音的关系是1：2的关系。这种被确定的各音的准确高度及相互关系就叫“乐律”，又叫“音律”。

古今中外采用过的“乐律”是多种多样的，但被广泛认可并采用的“乐律”是“十二平均律”，其次是“纯律”和“五度相生律”，也在一定范围中被采用。

# 苏东坡的养生秘诀

◎心大则百物皆通，心小则百物皆病。——朱熹

苏轼（1037—1101年），字子瞻，又字和仲，号"东坡居士"，世人称其为"苏东坡"。汉族，眉州（今四川眉山，北宋时为眉山城）人，祖籍栾城。北宋著名文学家、书画家、词人、诗人、美食家，唐宋八大家之一，豪放派词人代表。

早在青少年时期，苏轼就喜爱郊游，经常外出游览、登山、打猎、射箭。这既锻炼了身体，也开阔了视野，增长了知识，陶冶了情操。他在《教战守策》中，分析了王公贵人对寒暑之变的原因。而劳动人民饮露餐风，抗寒冒暑，吃苦耐劳，"一蓑烟雨任平生"，则筋骨肌肤强健。

此外，苏东坡还很讲究衣食住行的卫生，主张饮食要定量有节，反对暴饮暴食，稍饱则止，"朝哺食粥饭汤饼之属，皆当令腹中有余地"。苏轼又喜爱吃饭后散步，根据气候之变化随时增减衣服。他还倡导多吃蔬菜，少吃肉食。他曾告诉友人：自己早晚饮食，不过一爵一肉。这样做，一可以安分以养福，二能宽胃以养气，三为了省费用以养财。这些既是他的经验之谈，也是惜福延寿之道。

在苏东坡的笔下，有许多关于医药学方面的诗句。他曾在儋耳这个地方建造"息轩"，并题曰："无事此静坐，一日似两日。若活七十年，便是百四十。"他曾写了《赠眼医王彦若》一诗，记叙了他目睹金针拨障术的情景。金针拨障术是我国古代医药学的宝贵遗产，至今还为许多患者带来健康。

苏东坡在其传神的笔下，把王彦若医生“运针如运斤，去翳如拆屋”的拨障医术写得惟妙惟肖。这首诗据说是苏东坡看了王眼医的精湛医术后即席而赋，“琉璃贮沆瀣，轻脆不任触。而子于期间，来往施锋镞。笑谈纷自若，观者颈为缩”。

苏东坡做杭州知府时，致力于卫生事业，他疏湖筑堤，植树造林，改善环境卫生，为后人留下了一条“苏公堤”，成为杭州一处胜景。当时瘟疫时发，苏轼为了行医济世，治病救人，使百姓免于疾病之苦，就从个人的俸禄中拿出50两黄金，在城内建了一座名为“安乐”的病坊，三年之内治疗了近千名病人。他的这一政绩受到了北宋朝廷的肯定，朝廷为此还专派僧人主持病坊。

但是，苏东坡的一生也是历经坎坷，尽管他长期居官，却因写诗得罪朝廷而两次遭贬，从军流放。面对生活恶浪的冲击，他不但没有陷入痛苦和彷徨之中，反而更加坚强，身处逆境，不忘劳作，亲自开荒种地，采撷野菜，这些活动对身体健康是很有裨益的。当他被贬放到崖州（今海南岛）时，还乐观地说：“九死南荒吾不恨，快游其绝冠平生。”他谪居黄州时，正值当地瘟疫流行。他曾从眉山巢君谷处得一名“圣散子”的秘方，当时巢传授他时让他指江水为誓，保证永不传人，而苏轼却以民生为重，忘却有誓在先，把此方献给了百姓，使众多的人得救。后来，他还把此方传给与他交游甚密的名医庞安时。

《东坡杂记》中载：蕲州庞安时善医而聩，与人语，书在纸，始能答。东坡笑曰：“吾与君皆异人也，吾以手为口，君以眼为耳，非异人而何？”庞安时对《伤寒论》很有研究，在其著《伤寒总病论》卷末附有《与苏轼书》一篇，详谈编此六卷书的大意。一个以手为口的文豪，一个以眼为耳的医家，书信来往，切磋医药诗书，不失为文苑医林的一则佳话。

苏轼筑室于东坡，号称“东坡居士”，他对中医药悉心研究，采药制药，自得其乐。中药苍术入脾胃经，有健脾燥湿、辟秽、明目的功能，古人认为长期服用可延年益寿。在黄州时，当苏轼看到百姓们用苍术薰蚊子，就惋惜地说：“此长生药也，人以为易得，不复贵重至以薰蚊子，此亦可为太息。”他还用中药枳杞子做解酒汤，作为常用的饮料。

《东坡杂记》中还载有茯苓粉的制法："用蜜和如湿香状，蒸过食之尤佳。"茯苓甘、淡、平，具有健脾和胃，宁必安神的功能，用茯苓粉蒸服是中药食疗的一种良方。

气功是我国古代医学的瑰宝，越来越引起世人的注目和探讨的兴趣。苏东坡也精于此道。熙宁二年（1069年），他向黎道士学习气功。天刚亮就起床，面向东和南，披衣盘坐。先叩齿36次，随后呼吸吐纳，待满腹气极，则徐徐而出。再用手摩擦脚心和脐下腰脊间，接着抚摩眼面耳颈，直到发热为止，最后按捏鼻左右五七次，梳发百余次。他在《上张安道养生诀》中对此功曾评述道："此法甚效，初不甚觉，但积累百余日，功用不可量，比之服药，其效百倍。"他的弟弟苏辙患肺病后，苏轼告诉他："寸田可治生，谁劝耕黄糯。探怀得真药，不得君臣佐。"苏辙遵兄长嘱练气养生，颇有裨益。

## ◎故事感悟

养生方法很多，从注重身体锻炼、饮食卫生、中药食疗，以至为人应不汲汲于富贵，心胸应豁达。苏轼的养生法涵盖面广，针对性强，但抓住了关键点，苏东坡的做法简单易行，对后世有着积极的指导意义。

## ◎史海撷英

### 流放

流放，我国古代一种刑罚制度，指的是将罪犯放逐到边远地区进行惩罚的一种刑罚。它的主要功能是通过将已定刑的人押解到荒僻或远离乡土的地方，以对罪犯进行惩治，并以此维护社会和统治秩序。流放刑罚在我国起源很早，并且沿用历史悠久，从远古流放之刑出现到清末被废除，历经了几千年。

流放之刑的起源虽然很早，然而远古以来多是零星出现，到秦汉时代才逐渐形成体制，直到南北朝后期流刑开始进入五刑体制，占据其中降死一等重刑的地位。隋唐之际，以徒流刑为中心的笞、杖、徒、流、死五刑制正式确立。自此，流放之刑以崭新的姿态出现在中国刑罚史上，并一直影响到清末。

◎文苑拾萃

## 水龙吟次韵章质夫《杨花词》

（宋）苏轼

似花还似非花，也无人惜从教坠。
抛家傍路，思量却是，无情有思。
萦损柔肠，困酣娇眼，欲开还闭。
梦随风万里，寻郎去处，又还被莺呼起。
不恨此花飞尽，恨西园、落红难缀。
晓来雨过，遗踪何在，一池萍碎。
春色三分，二分尘土，一分流水。
细看来，不是杨花，点点是离人泪。

# 韩愈偶感阅读养生

◎养生有五难：名利不去为一难，喜怒不除为二难，声色不去为三难，滋味不绝为四难，神虑精散为五难。五者必存，虽心希难老。——孙思邈

韩愈（768—824年），字退之，汉族，唐河内河阳（今河南孟县）人。自谓郡望昌黎，世称韩昌黎。唐代“古文运动”的倡导者，宋代苏轼称他“文起八代之衰”，明人推他为“唐宋八大家”之首，与柳宗元并称“韩柳”，有“文章巨公”和“百代文宗”之名，著有《韩昌黎集》40卷、《外集》10卷、《师说》等等。

相传，唐代诗人韩愈出任监察御史时。一天，他偶感心情烦躁、忧虑、头疼脑涨，于是坐在廊檐下闭目养神，忽闻家仆禀报：“门外有一少年来访。”韩愈闻讯手一挥，说：“告诉他，我身体不适，不论何人，一律不见！”

仆人去而复回，韩愈不耐烦地说：“我不是说了吗？谁也不见，怎么又来禀报？”

仆人说：“我已向来人说过，可那少年执意要见，并呈一本诗稿让您过目。”

韩愈无可奈何地接过诗稿，毫无心思地翻着，映入他眼帘的头一首诗的题目是《雁门太守行》。诗的头一句：“黑云压城城欲摧。”“好大的气魄！”韩愈不由一阵惊喜，又迫不及待地读出下句：“甲光向日金鳞开。”“好壮丽的景观。”韩愈立刻被作者非凡的气魄所感染，不由兴致勃勃起身叫绝。什么忧虑、烦躁，早抛到九霄云外去了！

由此可见，一首好诗犹如三伏清风，读后令人心情舒畅，忘了周遭不快，抑郁一扫而空。

读书能增长知识，陶冶性情，找到精神寄托。悉心捧读一本好书，自可

领略书中深邃的意境，实属妙不可言；读书能引起心灵共鸣，是一种立体的声情并茂的美学享受。无怪乎宋朝文学家欧阳修有："至哉天下乐，终日在书案"的惊叹！

医学专家认为无论阅读或朗诵，都有增强肺功能之效。且能活跃思维，是一种健身强脑的"思维体操"。心理疾病患者不妨一试。

◎故事感悟

书不仅仅是人类进步的阶梯，也是医愈人不安之心的良药。通过阅读，使人忘却烦恼与痛苦，不怪乎宋朝文学家欧阳修有："至哉天下乐，终日在书案"的感慨。可以说，韩愈是国人阅读健脑的典型代表。

◎文苑拾萃

## 马说

（唐）韩愈

世有伯乐，然后有千里马。千里马常有，而伯乐不常有。故虽有名马，只辱于奴隶人之手，骈死于槽枥之间，不以千里称也。马之千里者，一食或尽粟一石。食马者，不知其能千里而食也。是马也，虽有千里之能，食不饱，力不足，才美不外见，且欲与常马等不可得，安求其能千里也？策之不以其道，食之不能尽其材，鸣之而不能通其意，执策而临之，曰："天下无马。"呜呼！其真无马邪？其真不知马也！

# “以自然之道，养自然之生”

◎智者养生也，必须四时而调寒暑。——曹庭栋

欧阳修（1007—1073年），字永叔，号醉翁，又号六一居士。汉族，吉安永丰（今属江西）人，自称庐陵（今永丰县沙溪人）。谥号文忠，世称欧阳文忠公，北宋卓越的文学家、史学家。代表作品《醉翁亭记》、《秋声赋》。

欧阳修4岁丧父，家境贫穷，母亲含辛茹苦地教他学文化。宋仁宗天圣八年（1030年），24岁的欧阳修考中进士，从此就开始在地方和中央做官。他曾任西京留守判官、河北都转运使等职，还在滁州、颍州、青州等地做过地方官。在朝廷中，他担任过翰林学士、礼部侍郎，后来又升任枢密副使、参知政事等职。

欧阳修是一位比较开明的政治家，他反对佛道，主张澄清吏治，减轻百姓负担。他很重视人才，曾向皇帝上书，评列文官武将之短长，以备任使。他也是一位散文家、诗人、词人，是当时文坛的领袖，是“唐宋八大家”之一。他一生的文学活动和在文学创作上的成就，在我国文学史上占有光辉的一页。他在史学和考古方面也有相当大的成就。他曾经主持过《新唐书》的编纂工作，而且独自写成了一部《五代史记》和一部有价值的考古学专著《集古录》。他的大部著作收在《欧阳文忠公集》里。

欧阳修在生活方面有自己的养生主张，重视游憩并经常参加旅游、射箭、下棋等活动。又曾删正《黄庭经》，专著《九射格》。

欧阳修讲养生，其主导思想是以自然之道，养自然之生。基于这种思想基础，他首先批判了神仙长生，反对妄意贪生。欧阳修自号“无仙子”，他说：“其自号无仙子者，以警世人之学仙也。自古有道无仙，而后世之人知有道而不得其道，不知无仙而妄学仙，此吾之所哀也。”他认为：“道者自然之道也，生而必死亦自然之理也。”神仙是不存在的，长生不死也是不可能的。“长生既无药，仙境不可到，人生不免死。”他认为神仙长生只是自欺欺人之谈。他说：“空山一道士，辛苦学延龄；一旦随物化，反言仙已成。开坟见空棺，谓已超青冥；尸解如蛇蝉，换骨蜕其形；既云须变化，何不任死生！”又说：“仙者得长生，又云超太虚；等为不在世，与鬼亦何殊。”他明确否定神仙的存在，批判长生不死的迷信思想，这种认识是科学的。

在此基础上，欧阳修提出了“以自然之道，养自然之生”，这也是他养生思想的核心。欧阳修认为，“天地任物之自然，物生有常理”。人若善养其生，就必须顺其自然之理，绝不妄意贪生伤害自己，这就是他说的“上智任之自然。”他在《赠无为军李道士二首》中说的：“唯当养其限，自然烨其华。又云理身如理琴，正声不可于以邪。”就是这个意思。

而对“上智任之自然”，欧阳修没有做更多的具体解释。从他在有关论述中提倡的养生之道是以静以养气为主。他说：“厥生而静谓之性，触物而动感其欲。”静是人的天性，而动是受物欲影响产生的。基于其主静的思想，他对养生中“有以此外物不足恃，而反求诸内以者。于是息虑绝欲，炼精气，勤吐纳，专于内守，以养其神。其术虽本于贪生，尚或可以全形而却疾，犹愈于肆欲纵情从害其生者，是谓养内之术”。是持支持态度的。因为他认为人绝大多数都要寓心于物，“不寓心于物者，真所谓至人也”。只有这种至人才能做到“以自然之道养自然之生”，但必须是寓于有益之物。可以看出，欧阳修的“以自然之道，养自然之生”是以主静为前提的，是“静以养气顺其自然的”。

欧阳修提出的“静以养生”，并不是不要活动，而是要“寓心于有益之物”，他很重视游憩活动。他经常郊游，并创造条件和百姓一起活动。他写了《九射格》，经常做射箭游戏，还很喜欢下棋。他的游憩活动，四季不停，内容多样。他为了吸引百姓郊游，把韩稚圭送给他的芍药花种在丰乐亭附近，吸引更多的人郊游。

当然，欧阳修热心于郊游、棋射活动，并不是单纯地为了玩，而是为了寓心于有益之物，以有利于养生。他说："醉翁之意不在酒，在乎山水之间也，山水之乐得之心而寓之酒也。"可见，欧阳修的养生之道，在古人当中是比较独特的。

在欧阳修的养生思想中，批判神仙长生，反对妄意贪生，从自然之道出发，提出"人生不免于死"，主张"以自然之道，养自然之生"。并且应"善养其生"，有不少合理因素。至于他的"命有长短，禀自于天，非人力之所能为"的思想，就是完全错误的了，这是他客观唯心论的世界观决定的一个必然结果。

## ◎故事感悟

欧阳修尊重并还原了人类发展史的必然——自然的规律，尊重自然，并按照自然的规律来养生，不苛求，不妄意贪生。事实证明了欧阳修养生法则的可行性，虽略有糟粕，但相对于其养生实质中的可取部分微不足道。

## ◎史海撷英

### 欧阳修与阜阳

阜阳西湖位于阜阳城西北一千米新泉河两岸，又称汝阴西湖、颍州西湖，长5千米，宽1.5千米，是古代颍河、清河、小汝河、白龙沟四水汇流处。因阜阳地北魏以后称颍州而得名，为唐、宋、明、清历代名胜。有会老堂、清涟阁、画舫斋、湖心亭、宜远桥等十数处建筑，并有菱荷十里，杨柳盈岸，久为游人憩游胜境。唐、宋以来，即与扬州瘦西湖、杭州西湖并称。北宋皇祐元年（1049年），欧阳修由扬州移知颍州，尤喜此湖，有诗赞曰："菡萏香情画舸浮，使君不复忆扬州。都将二十四桥月，换得西湖十顷秋。"后欧阳修终老于此。清嘉庆后，湖面逐渐淤塞。今存有会老堂并欧阳修石刻像等遗物。明代《正德颍州志》载：西湖“长十里，广三里，水深莫测，广袤相齐。”《大清一统志》云：“颍州西湖闻名天下，亭台之胜，觞咏之繁，可与杭州西湖媲美。”颍州西湖景色之美，四时俱佳，招徕不少文人志士出守颍州，更是文人墨客吟诗作画之旅游胜地。从宋代起有北宋词人、宰相晏殊，北宋文学家、史学家欧阳修，苏轼，宋代中书侍郎吕公著等七大名人知颍州，为古颍州西湖建设立下了不朽的功勋，并留下了113首著名诗篇，加之71名古代和近代诗人的诗篇共259首。其中唐宋八大家占四人，还有南宋四大家之一的杨万里，与苏轼齐名的黄庭坚。苏轼曾在诗中将颍州西湖与杭州西湖相媲美，“大千起灭一尘里，未觉杭颍谁雌雄”。可见，颍州西湖在古代确为天下西湖之冠。但后来由于黄河泛滥，西湖被泥沙填平，昔日美景，已不复存在。今天阜阳西湖的半岛之上，还建有“颍州西碑林”。此处碑林占地三十余亩，共有树碑两千多块，碑林、碑亭、百米碑廊、陈列馆所兼而有之。另有一千余块2米的石碑组成的八卦阵林，堪称国内园林之独创，尤为别具一格。

## ◎文苑拾萃

### 《黄庭经》

王羲之书，小楷，一百行。原本为黄素绢本，在宋代曾摹刻上石，有拓本流传。该帖其法极严，其气亦逸，有秀美开朗之意态。关于《黄庭经》，有一段传说：山阴有一道士，欲得王羲之书法，因知其爱鹅成癖，所以特地准备了一笼又肥又大的白鹅，作为写经的报酬。王羲之见鹅欣然为道士写了半天的经文，高兴地“笼鹅而归”。原文载于南朝《论书表》，文中叙说王羲之所书为《道》、《德》之经，后因传之再三，就变成了《黄庭经》了。所以，《黄庭经》又俗称《换鹅帖》，现在留传的只是后世的摹刻本了。

# 乾隆的长寿秘诀

◎国民的健康是国家繁荣昌盛的关键。——格言

乾隆（1711—1799年），即爱新觉罗 · 弘历，雍正帝第四子，雍正十一年封为和硕宝亲王，开始参与军国要务。雍正十三年（1735年），雍正帝去世，弘历即位。

乾隆是历代帝王中长寿的皇帝，享年89岁，总的来说，他的长寿是与他良好的养生之道密切相关的。他长寿的原因有很多方面。

满族是北方游牧民族的后代，他们不仅在马背上谋生活，还要在马背上夺取天下，因而八旗子弟从小就要接受严格的军事训练，身为八旗之首的乾隆自然也如此。他从小就苦练骑射，拳刀弓箭，样样皆精。他在位时，每年都要举行盛大的“演兵式”，让各部将都要在武功上较量一番。乾隆最后登场，做骑射表演，据说他十箭总能有七八支射中靶心，可见他的技艺不凡。

乾隆虽是一个满族皇帝，但他全盘接受了汉族文化，并且善于依照汉族文化的理论去养生。几十年间，他坚持黎明即起，做呼吸吐纳的气功锻炼，坚持早晚“叩齿三十六”，时时鸣天鼓，因而年逾八旬仍耳聪目明。他根据古代中医的理论，为自己制订了养生十六字诀：“吐纳脏腑，活动筋骨，十常四勿，适时进补。”

他从来不放松锻炼，经常做叩齿、咽津、弹耳、揉鼻、运睛、搓脸、摩足、摩腹、提肛等保健功法。平时吃饭时就专心吃饭，睡觉时就专心睡觉。虽然喝酒，但绝不过量，对于女色也不过分迷恋。他还善于根据身体的需要，

按照季节气候的变化，选用一些有针对性的滋补品。这些看似细小的事，都使他的精力得以保存而保持身体健康。

乾隆多才多艺，琴棋书画样样在行，既是中国历史上的高产诗人，又是一个书画鉴赏家，清宫内廷所收集的名人字画上无一不盖上“乾隆御览之宝”的大印。这不但是他的一大爱好，也是他养生的一种方法。在舞文弄墨之际，他全身心都融入其中，也使他那本不甚多的烦恼更是无影无踪了。

乾隆喜欢旅游，民间到处都流传着他七下江南的故事。事实上他曾六下江南，五幸五台，三登泰山。其中丁丑二十二年那一次下江南，他正月动身，一路游玩，直到九月才回到北京。对于北京，更无他没游过的地方，他还评点出燕京八景，也就是“太液秋波”、“卢沟晓月”、“琼岛春荫”、“西山晴雪”等。久居深宫的皇帝有机会到大自然中，到民间去走一走，感受一下新鲜的空气，体会另一种生活，不为公务所累，得到休息，这对他的心情和健康无疑是大有好处的。在旅行中锻炼，也是乾隆的另一养生法。

乾隆在外长久游历，足迹遍布大江南北，有特殊性。因为他是皇帝，一般人是无法比拟的。但旅游可以强健身体，已为人所共知，这确是一条很好的养生之道。

乾隆晚年，曾接见过英国使者马嘎尔尼，后者描述乾隆说：“观其风神，年虽83岁，望之如六十许人，精神矍铄，可以凌驾少年。”由此可见其身体的健康。

在乾隆86岁时，让位于子，当起了太上皇，安享晚年。一方面如他所说，不敢超过祖父康熙在位61年；另一方面，也是他想脱离俗务，获得长寿。在89岁那年，乾隆无病而终。

**◎故事感悟**

锻炼是养生之本，饮食滋补为辅，我们不仅欣赏乾隆旺盛的工作精神，更应借鉴其养生方略。

## ◎史海撷英

### 乾隆年间文字狱

虽然乾隆帝大力弘扬儒家文化，但其文化专制程度也是非常严重，其突出表现就是大兴文字狱。史料记载，乾隆帝时期的文字狱数量、持续时间、受株连人数都为中国历朝历代之最，其造成的恶果可想而知。

乾隆帝的宠臣沈德潜因为写过《咏黑牡丹》诗句“夺朱非正色，异种亦称王”，被指为大逆不道。当时沈德潜已死，却也被“革其职，夺其名，扑其碑，毁其祠，碎其尸”。举人王锡侯，为了给参加科举考试的士子提供方便，把《康熙字典》加以精简，编了一本《字贯》。这种事情，在现在看来十分寻常。但是《康熙字典》是康熙皇帝“钦定”的，王锡侯擅自删改，便被定罪，而且《字贯》没有为清朝皇帝的名字避讳。结果王锡侯被处斩，书版、书册全部销毁，经办此案的江西巡抚海成也因“失察”而被流放新疆。

文人胡中藻写了一句“一把心肠论浊清”的诗句，乾隆认为这是诽谤清朝，将胡中藻灭族。有人统计乾隆时期的文字狱有一百三十余案，其中47案的案犯被处以死刑，受株连者更广。文字狱禁锢了中国人的思想，导致当时思想上、文化上万马齐喑。同时期的日本虽然也在“锁国”，但德川幕府的思想管制明显比乾隆帝轻得多，因此日本才出现了著名的“兰学”，中国人的思想观念和国民素质从此时开始逐渐落后于日本人。

## ◎文苑拾萃

### 卢沟晓月

（清）乾隆

茅店寒鸡咿喔鸣，曙光斜汉欲参横。
半钩留照三秋淡，一蝀分波夹镜明。
入定衲憎心共印，怀程客子影犹惊。
迩来每踏沟西道，触景那忘黯尔情。

# 康熙养生保健之道

◎养生之道，莫久行久坐、久卧久听；莫强食欲，莫大醉，莫大忧怒，莫大哀思，此所谓中和。能中和者，必久寿也。——陶弘景

爱新觉罗·玄烨（1654—1722年），清圣祖仁皇帝，清朝第四位皇帝、清定都北京后第二位皇帝。年号康熙：康，安宁；熙，兴盛——取万民康宁、天下熙盛的意思。康熙帝8岁登基，在位61年，是中国历史上在位时间最长的君主。他奠下了清朝兴盛的根基，开创出康乾盛世的大局面，是一位英明的君主、伟大的政治家。死后葬于清东陵之景陵，谥号合天弘运文武睿哲恭俭宽裕孝敬诚信功德大成仁皇帝。

康熙一生与医学结下了不解之缘。在平日里，康熙不仅注意医药保健，熟谙养生之道，而且对医药科学，不论中医、西医都有涉猎。有关他的医药保健轶事也很多，下面简单地介绍几个。

其一是注重养生，不滥用补药。古之帝王，多半偏爱补药，而康熙对补药则有所戒。他曾说过这样一段话："服补药大无益。药性宜于心者不宜于脾；宜于肺者不宜于肾。朕尝谕人勿服补药。药补不如食补。夫好服补药者，犹人之喜逢迎者。天下岂有喜逢迎而可为善乎？先年满州内老人皆不服药，朕也从不服药。太皇太后，皇太后一生皆不服药，尔等当以是为法。"这段话，虽不无偏激，但从药理学的角度阐述了无病"好服补药"之弊，十分中肯，而且从人生哲理的角度加以发挥，确实难能可贵。他57岁时，下巴上有几根白须，有大臣晋献滋补肝肾的乌须丸，而康熙认为乃多此一举，笑而拒之。

其二是练书法以"宽怀"，运动增强体质。可以说，一个人的健康标志，

体现在心理和体质上。对于心理的调节，康熙多通过练书法以求得“宽怀”。他曾亲自总结了一条经验，叫做“宽怀只有数行字”，“数行字”就能得到“宽怀”之效。按现代医学解释，练习书法可对脑神经起到调节、放松、消除疲劳的作用，还可磨练人的意志，培养人的耐心，从而获得身心健康。康熙在《仿二王墨迹》诗中说“案上露凝铜雀润”——虽然书案上和铜雀（香炉）上凝聚了欲滴的露珠，但仍然是象牙笔杆挥时在正心。这“正心”二字，体现了他练书之专，养志之诚，娱心之深。对于个人体质，康熙一生勤于治理朝政，深悉体质的重要，他认为“恒劳而知逸”，在日理万机之暇，还在宫内种植蔬菜。在秋高气爽之时，他还到木兰围场，急马奔走，狩猎骑射，以舒展筋骨，增强体质。

其三是接受西方医学，推广西医西药。17世纪初，日尔曼人邓玉函的《泰西人身说概》、意大利人罗雅谷的《人身图说》和法国人皮理的《人体解剖学》等相继传入中国。为了学习西方医学，康熙令在清廷供职的法国传教士白晋及宫廷画家等人，专门画了一些解剖图像，还叫传教士巴多明将《人体解剖学》译成中文，希冀造福于社会，挽救人的生命，这在当时的封建社会，实属难能可贵。

对于西药，康熙对治疟药金鸡纳有着特别的兴趣。原来康熙三十二年，他患了疟疾久治不愈，众医束手无策，恰逢法国的传教士洪若翰、刘应入京闻知，特进献金鸡纳，康熙服之而愈，大喜，给予重赏，赐广安门内广厦一所。此后康熙视金鸡纳为奇药，并把它作为“御制圣药”转赐患疟的大臣，以示恩宠。为了研究并推广西药，康熙还恩准在宫中开设了实验室，供传教士制西药用。有时康熙还亲自给官员问病开方，中西药并用。他在宫内试种牛痘预防天花，效果较好。其后下诏推广，让边外四十九旗及喀尔喀——蒙古人也种牛痘。“初种时年老人尚以为怪”，康熙“坚意为之”。

其四是，禁止吸烟。康熙从不饮酒，也厌恶抽烟。但是，大臣史贻直和陈元龙，却嗜烟如命，成天烟袋不离手。康熙打算让两人把烟戒掉。有一年，康熙去江南出巡，史、陈两人也随行。皇帝御车在山东的德州驻跸。康熙当面赏赐两人各一枝水晶杆的烟袋，让他俩当众抽吸。俩人不清楚康熙的真正用意，还有些受宠若惊，马上装烟点火抽起来。谁想，刚一用力吸，隔着透明的烟杆清楚地看到了火星顺杆直往上冒，劈啪作响，直到唇边，还发出更响的爆裂声。史、陈二人到这时才明白康熙的真正用意。这时，两人再也不敢吸烟。

◎故事感悟

是药三分毒，我们必须要深刻地意识到这一点。一个健康身体的获得必然是与锻炼密不可分的。在注重身体锻炼的同时，一定要杜绝吸烟等不良嗜好。康熙贵为一国之君，在为国事操劳的同时，在养生方面也作出了表率。时至今日，他的养生方略仍具有积极的指导意义。

◎史海撷英

### 广安门

广安门又名彰仪门。清朝道光年间为避清宣宗旻宁之讳改为现名。原规制与广渠门相同。乾隆三十一年，以该门为南方各省进京的主要通路，故提高城门规格，仿永定门城楼加以改建。由于广安门是各省陆路进京的必经之路，因此广安门内的彰仪门大街（即今天的广安门内大街）在清朝时期是比较繁华的，有“一进彰仪门，银子碰倒人”的说法。雍正年间，因为皇帝打算在河北修建皇陵，雍正帝下令从广安门到宛平城修筑石板路。广安门到小井村的路段长1500丈，共花费白银八万两，平均每尺长的道路用去白银五两三钱三分，因此有“一尺道路五两三”的说法。这条道路的修通对广安门地区的发展起到很好的促进作用。

◎文苑拾萃

## 为震寰和尚题照

康熙

法像俨然参涅槃，皆因大梦住山间。
若非明锦当合法，笑指真圆并戒坛。

# 颜元主张“以动养生”

◎劳其形者常年，安其乐者短命。——格言

颜元（1635—1704年），字易直，又字浑然，号习斋，清代直隶博野县北杨村（今属河北省保定市）人。中国清初思想家、教育家。

颜元从小生活困难，边劳动，边学习。他19岁时考中秀才，24岁起开设家塾，教授学生徒弟，一心致力于教育事业，是一位终生未仕的教育家。在数十年的教育生涯中，颜元继承西周的“文武合一”教育传统，他曾学兵法骑射和技击，因此十分重视对学生进行锻炼身体方面的教育。他自身也喜欢很多体育活动，并发表了一系列直到今天仍然具有重要价值的见解，他是我国古代教育家当中比较重视养生的一位教育家。

“习行”、“习动”，这是颜元教育思想中的一大特色。他在许多著作中都表达了积极提倡“动以养生”的思想主张。例如：“养生莫善于习动”（《言行录·学人篇》）；“常动则筋骨疏，气脉舒”（《言行录·世情篇》）；“一身动则一身强，一家动则一家强，一国动则一国强，天下动则天下强”（《言行录·学须十三》）。

颜元“动以养生”思想主要是在实践中产生的，可能与他的经历有关系。颜元生于穷乡僻壤，他“四岁失父，十一岁离母”，童年生活十分孤独艰苦。8岁时就学于吴洞云，并学一些骑射、剑戟本领。20岁时，因养祖父家庭破落，由城里迁往乡下。在乡下，颜元亲自参加田间劳动，耕田种菜，负担全家生活。劳动余暇，颜元还钻研兵书，学习技击。这为颜元“动以养生”思想的形成奠定了基础。

颜元生活的年代，正是程朱理学猖獗一时的时候。在理学的毒害下，不少人“终日兀坐书房中，萎惰人精神，使筋骨皆疲软”，成了“白面书生”，“柔脆为妇人女子”。颜元也深受其害。他先后读过《陆王语要》和《性理大全》等理学著作，对他们的理学要旨笃信不疑，也经常在家闭门静坐，穷理居敬，备尝静坐顿悟之苦。时间一长，颜元发现，这种静坐冥想的求知方法与他“生存一日，当为生民办事一日”的经世致用的主张南辕北辙，于是他开始对程朱理学发生怀疑。他34岁那年，养祖母去世。颜元在家居丧期间，因恪守朱子家礼，连病带饿，差点儿断送性命。从此，颜元对理学的态度由怀疑走上了反对的道路。后来，在他57岁时南游中州（今河南），更认识到理学给社会造成的危害。于是，颜元反对理学的态度愈益坚决，成了当时一个最为勇猛、最为彻底的反理学的斗士。颜元的“动以养生”思想，就是在反理学斗争中通过教育实践逐步形成的。

颜元反对朱子重文轻武的做法，主张文武合一，兵农合一，痛斥那些“衣冠之士，羞与武夫齿；秀才挟弓矢出，众人皆惊；甚至子弟骑射武装，父兄便以不才目之”的社会现象。他宣称：“习乐则文舞、武舞，习御则挽缰把辔，活血脉，壮筋骨”。“孔门习行礼乐射御之学，健人筋骨，和人血气，调人性情，长人仁义。一时学行，受一时之福；一日习行，受一日之福；一人体之，赐福一人；一家体之，赐福一家；一国体之，天下皆然。”

颜元的养生主张打破了当时死气沉沉的灰色局面，其一家之言是与强国强兵的精神实质是相一致的，值得后人学习。

## ◎故事感悟

时代赋予了人们一个特定的思维风潮，但颜元通过实践否定了“以静养生”的习俗，并率先打破这种危害人们身体的恶习。可以说，颜元“动以养生”的思想，特别是他反对脱离实际、空谈玄妙的教人方法，主张“习动”、“习行”，重视体育的思想，并能将此与强国强民联系起来，是很值得现代人借鉴的。

◎史海撷英

## 程朱理学的演变

程朱理学也称程朱道学，是宋明理学的主要派别之一，也是理学各派中对后世影响最大的学派之一。该派别由北宋二程（程颢、程颐）兄弟开始创立，其间经过弟子杨时，再传罗从彦，三传李侗的传承，到南宋朱熹完成。由于朱熹是这一派的最大代表，故又简称为朱子学。程朱理学在南宋后期开始为统治阶级所接受和推崇，经元到明清正式成为国家的统治思想。故如对宋明理学的概念不做特别规定的话，在通常的意义上便是指程朱一派的理学。

◎文苑拾萃

## 疑行无成，疑事无功

行动犹豫不决就不会有成就，做事情犹豫不决就不会有功效。《商君书·更法》："臣闻之，疑行无成，疑事无功。君亟定变法之虑，殆无顾天下之主义之也。"亦作"疑行无名，疑事无功"。

# 曾国藩的养生之道

◎养生的要旨是得道，得道的要旨需全身，全身的要旨需修炼。——曾国藩

曾国藩（1811—1872年），初名子城，字伯涵，号涤生，谥文正，湖南省长沙府湘乡县人。晚清重臣，湘军的创立者和统帅者。清朝军事家、理学家、政治家、书法家、文学家，晚清散文"湘乡派"创立人。官至两江总督、直隶总督、武英殿大学士，封一等毅勇侯。

曾国藩，晚清名重一时的权臣。他一生体质较弱，然而道德、军功、文章三不朽，很大程度上得益于他独特的养生之道。其养生经，可以用二三四五简要说明问题。

二字和两事：曾国藩主张眠食有恒，有一整套顺应自然的养生观。他曾强调，治心以"广大"（襟怀开阔）二字为药，治身以"不药"二字为药，有病时要慎重吃药，无病时可偶服补剂调理。因为"药能活人，亦能害人。庸医活人者十之有三，害人者十之有七"。"药虽有利，害而随之，不可轻服。"他还强调每天要做好两件事，即"起得早，勤洗足"。他认为早起能振作精神，久而久之，对健康十分有利。入睡前用热水洗脚，好处多多，"春天洗足，升阳固脱；夏天洗足，暑湿可去；秋天洗足，肺润肠濡；冬天洗足，丹田温灼。"现代医学认为足是人体的"第二心脏"，与全身有着密切关系，经常浴足可以促进血液循环，特别是冬天，寒从足底起，用温水洗足，对防止寒气入侵，抵御感冒，十分有益。

三节和三不：曾国藩将“节劳、节欲、节饮食”视为“保身之训”。即劳作不可过度，性欲、物欲、名利欲要有所节制，不能放纵。他说：“苟失其养，无物不消，何况我气血素亏呢？现今惟有日日静养，节嗜欲，寡思虑而已。”他还说：“好名好胜而用心太过，亦欲之类也。若淡泊于名利，则可寡言养气，寡视养神，寡思养精。”节食，即饮食要有节制，要有规律性，暴食暴饮或饥饱不均，都不可取。三不是“不要恼怒，不要忧虑，不要胸襟郁结”，因为恼怒、忧虑、郁结，均是不健康的心理，它可催人早衰。因此，克服这些心理上的障碍，对保持身心健康十分有益，若深知其理，并身体力行，才会对养生有利。

四必：曾国藩提倡的“息必归海，视必垂帘，食必淡节，眠必虚恬”，具有重要的养生意义。即呼吸新鲜空气要进入体内深处；长时间地看书、观景物，必须经常眨眼，让眼皮垂下，闭目养神；饮食要清淡，食量要节制，吃饭不要过快、过饱；睡眠时，让一切烦恼的事都抛之脑后，安安稳稳地睡觉。

五养：曾国藩认为“仁义礼智信”修养得好，会对五脏的保养产生积极的作用。他说：一阳初动，万物开始生长的时候，心中不生愤怒、不生仇怨，这是“仁”的源泉，可以用来养肝；内心在平静中思考，外貌恭敬谨慎又充满威仪，安详不骄傲，威严而不凶猛，这是“礼”的举动，可以用来养心；饮食有节制，起居有规律，做事有恒心，举止从容不迫，这是“信”的表现，可以用来养脾；胸襟宽广，大公无私，顺应事物变化之道，做事要心安理得，合乎天理法度，这是“义”的表现，可以用来养肺；心有安定，气机要稳定，神要安详，身体要安宁，这是“智”的源泉，可以用来养肾。通过修心养性来增强内脏功能，不仅符合“仁者寿”的古训，对现代人的养生也有积极的启迪意义。

**◎故事感悟**

古往今来，每个人的养生主张各异，可谓是因人因事而宜，一时间各种养生法呈现出了“百家争鸣”的状态。而曾国藩的“二三四五”养生主张几乎涵盖了前人的成果，不仅继承而且发扬了其优良的养生传统。与此同时，也对后人产生了积极影响。

## ◎史海撷英

### 曾国藩智审鸡蛋案

一天，天气晴朗，年幼的曾国藩从学校回到了家里。父亲就把他叫来，对他说：“我明明煮了五个鸡蛋是分给你们吃的，现在少了一个，不知是哪个偷吃了，赶快帮你母亲查一查。”曾国藩思索了一会儿，答道：“这个很容易，我有办法查出来。”说罢，曾国藩端出一个脸盆，倒了几杯茶，把家里的人都喊拢来，叫每人喝一口茶水，吐到盆里，他站在旁边观察，结果有一个佣人吐出的茶水里夹有鸡蛋黄粉。曾国藩的父亲见状高兴极了，觉得儿子聪明，将来能当官审案子。

## ◎文苑拾萃

### 湘乡派

湘乡派是近代古文流派之一。因其代表人物是曾国藩为湖南湘乡人而得名。曾国藩原信奉并提倡桐城派古文，但是他的文章与桐城派古文一般“清淡简朴”的作风并不相同。曾国藩编选《经史百家杂钞》，并且补充了姚鼐《古文辞类纂》摒弃经史的缺陷，扩大了桐城派古文学习的源流，他的文字少禁忌，奇偶并用，使文章舒展有气势，雄厚有内容。更重要的是，他接受了时代思潮的影响，除桐城派标榜的义理、考据、辞章之外，加以“经济”一条，使古文反映现实政治、社会问题更加实际了。这就使桐城派古文从局促迂缓的狭小天地里解脱出来而应时向前发展。

# 季羡林的“三不养生法”

◎养生莫善于习动，夙兴夜寐，振起精神，寻事去作，行之有常，并不困疲，日益精壮。——《习斋言行录》

**季羡林（1911—2009年），字希逋，又字齐奘。中国著名文学家、语言学家、教育家和社会活动家、翻译家、散文家，精通12国语言。曾历任中国科学院哲学社会科学部委员、北京大学副校长、中国社科院南亚研究所所长。**

季羡林先生自20世纪80年代中、后期分别从北京大学副校长和全国人大常务委员会委员的职位退休，之后他家中几乎天天坐满婉辞不掉的客人以及慕名而来的访者，在他的书桌上，永远摆放着一篇篇、一部部尚未完成的文章和著作……这一切，对于一位耄耋之年的老者来讲，实在是过于繁忙和劳累了。然而令人感到诧异的是，除了老年哮喘和白内障之外，事务如此繁忙的季老却一直保持着一副自称“顽健”的体格。每天凌晨三四点钟，季老的书房中就亮起了北大校园里的第一盏灯，直到晚上10点他才入睡。季老的工作和活动日程总是排得满满的。以高龄之躯来承担如此重负，没有一个好的身体，实在是难以胜任的。那么，季老到底有什么养生秘诀呢？经多方了解，原来精力充沛、身体顽健的季老有自己独特的养生之道——“三不养生法”，即：不锻炼，不挑食，不嘀咕。

说起不锻炼，人们可能会心生疑惑。其实，季老反对的只是那些单纯的为了锻炼而锻炼，除了锻炼之外，似乎就没别的事可做的所谓的“锻炼主义者”。他认为人生的第一要事是工作，如果将大量时间用于锻炼身体，这对于他来讲实在是本末倒置。在日常生活中，季老并不排斥锻炼，他年轻时就喜好游泳和打乒乓球。后来上了年纪之后，在繁重的工作之余，他有时也忙里偷闲地到北大未名湖畔去散散步，以松弛身心，养精蓄锐。季老一生勤于思考、笔耕不辍，这对于人的大脑来讲，正是最好的锻炼方法，可以说他晚年依旧思维敏捷，常常写出备受赞叹的佳作与巨著，与他平时的锻炼是分不开的。而这个“不锻炼”的提法，不过是季老数十年来执著地将全部身心投入到工作中而无心他顾的结果。

不挑食、不忌口保证了营养均衡。老人全家的生活都十分俭朴，平时吃的都是普通的家常便饭，在大城市中生活了数十年，他却依旧钟情于家乡的饮食习惯。他的早餐，总是简简单单的几样：几片烤馒头或面包片，一碟花生米和一杯清茶。午、晚两餐也是以素菜为主，较少肉食。一碗绿豆小米粥，就是老人眼中的美味佳肴了。当然，饭桌上也会有惊喜。季老的婶娘将她从北大校园中挖来的荠菜，包成鲜美可口的馄饨，这就是季老赞不绝口的“美味”了。作为山东人，季老有时也要提一点小小的要求：一个辣椒，一根葱，以此作为佐餐的调味品。季老的家人还经常将烤好的馒头片放在他书房的一个饼干盒里，以作为季老工作饥饿时的应急之需。老人这种不挑食、不忌口的饮食习惯，使他平时所吃的食物品种多而杂，从而保证了各种营养充足，均衡补充于身体。这也是他能健康长寿的一大要素吧。

心里没负担加上“勤”，自然百病不生。不嘀咕指的是季老先生心胸开阔，从不去纠缠那些想不开的事，从不为自己的健康怕这怕那。他最反对有些人在日常生活中对自己百般禁忌：吃鸡蛋怕胆固醇，吃肉怕高脂肪，吃饭又时时计算热量，就连吃水果也要消毒几遍。嘀咕来嘀咕去，钱花了不少，自己却落了个瘦骨嶙峋外加营养不良。季老说自己“心里没有负担，胃口自然就好，吃进去的东西都能很好地消化、吸收和利用。再补之以腿勤、手勤、脑勤，自然百病不生了”。同时，对于寿命的长短，老人也从不嘀咕。他所期盼的只是尽量在晚年把那些对祖国、对人民有利的工作做完。其实这种崇高而又洒脱的境界，也是季老长寿的秘诀之一。

生活有规律也是长寿的奥秘。除了“三不养生法”，季老平时的生活也极有规律。每日三四点钟即起床，进行学术研究或写作，几千字的文章可以一挥而就。7点多钟早饭结束后，就开始一天的工作与生活。午饭后，他都要在书房的旧藤椅上小憩片刻。而这时，老人钟爱的小猫咪便会跳上他的膝盖，这老“小”同眠的情景，颇为老人繁忙的生活增添了几分童趣。工作累了的时候，季老会提起水壶为窗台上的花草浇浇水、松松土，在满目青翠之中寻觅一份心灵的宁静和生命的活力。这短暂的活动与休息，对季老无疑是颇有裨益的。晚饭之后的时光，老人则要看看电视新闻、报刊和刚收到的新书与邮件，以了解新的信息和收获新的知识。晚上10点钟准时就寝。除极特殊的情况外，这样的作息规律是从不改变的。

## ◎故事感悟

季羡林先生的“三不”养生在一定意义上反映出了其追求自然，追求真实，反对刻意的优良品德。也正是由于其真实无瑕的品格造就了季老安静祥和、与世无争的良好心态，加之不挑食以及规律的作息时间，因此季老的长寿遂也成了理所应当的事情。这对于当今正在积极探寻养生方法的人们而言是富有深刻地指导意义的。

## ◎史海撷英

### 季羡林交友淘粪工人

魏林海是海淀区的一名淘粪工人，喜欢书画，久慕季羡林大名，但无缘相见，一直为此深感遗憾。1997年迎香港回归时，魏林海终于觅到了一个拜访季羡林先生的机缘：魏林海与几位乡间书画之友拟在自家西屋搞一个书画展，以表香港回归祖国的喜悦，并打算请一位名人写个条幅以壮声色。最初找了一个小有名气的画家，不料此人傲气十足看不起淘粪的。魏林海一气之下，发誓非找一位大名人题写不可。于是斗胆找到了季羡林先生。季羡林闻悉是淘粪工人求题，十分高兴，很快就写好了“六郎庄农民书画展”的横幅。字苍劲有力，韵味高古，挂在展室中颇有高雅之气。后来，因为此事，二人成了忘年交。

## ◎文苑拾萃

### 季羡林纪念馆

季羡林纪念馆位于今山东省临清市运河文化中心的东南侧。该纪念馆馆名由欧阳中石先生题写，建筑面积约3000平方米，共分两层，展出季老的高中毕业证书、清华大学毕业证书、季老赴德国留学证、温家宝总理历次看望季老的照片等珍贵文物资料。

纪念馆的陈列以朴素、大方、典雅为基本风格，具有较为突出的人文气息，馆内初步计划分为序厅、文字图片厅、书籍展厅、手稿展厅、证书展厅、影视厅、书房再现、名人题词等部分。据悉，序厅内将展出前言介绍和季羡林先生半身塑像，文字图片厅将从童年时代、济南求学、负笈清华、留德十年、学术生涯、故土情深、高山仰止等部分，通过数百幅图片资料和部分文字资料，全面反映季羡林先生的学术生涯及取得的巨大成就。

# 金庸“中庸”的养生之道

◎久逸则筋脉皆弛，心胆亦怯。——胡林翼

金庸（1924— ），原名查良镛，当代著名武侠小说家、新闻学家、企业家、政治评论家、社会活动家，中国作家协会名誉副主席，《中华人民共和国香港特别行政区基本法》主要起草人之一，香港最高荣衔“大紫荆勋章”获得者，华人作家首富。金庸与古龙、梁羽生并称为中国武侠小说三大宗师。著有“飞雪连天射白鹿，笑书神侠倚碧鸳”等14部脍炙人口的武侠小说。

金庸先生喜好讲究中庸之道，这是因为他保持了一份顺应自然的心态。他说：“可以说《天龙八部》表达了我对人生的部分看法。我们中国人认为，虽然死不可避免，但生时应该过得好好的，应该去帮助别人，心平气和的，讲究中庸之道。”可以说，正是这种人生观指导着金庸，万事不强求，能有所作为当然好，不能也没有关系；重要的是寻求内心的闲适，要自己获得满足。

金庸先生说：“我的身体一向还好，但并不像有的媒体说的那样功夫了得，其实我不会功夫，一点也不会。1995年，我在香港家中突发心脏病，院方尽了最大努力，成功地进行了小球弹性通塞手术，使我转危为安。许多人到医院看望我，问候我，使我深刻感到真情的可贵。我心肌虽然坏死了16%，心中的温暖却增加了160%。”

“现在我每日绕圈散步，走45—50分钟。不过，我的散步并非步伐缓慢，而是要达到有急促呼吸的急步，直到出汗为止；至于太阳过猛或下雨时，则会留在家里踏健身单车30—45分钟。”

其次，品绿茶是金庸先生的养生之道，他对绿茶有一定的研究。他说："最好的绿茶茶叶是鲜嫩的，清明之前便要采下。饮茶与养生是相通的，茶可以使人怡神健脑，这一功能恰是养生所需要的。但我认为，喝茶的量不要太多，就如我每日的食量亦很少，尤其是淀粉、蛋白质食品均会吃少一点。"

再者，金庸先生喜欢下围棋。金庸先生说："我一直对围棋很有兴趣。我的老师是聂卫平，我向他鞠躬拜过师，可惜的是聂卫平没有时间好好教我，我也没什么进步。目前，我是业余围棋六段。在我的许多作品中也都写到了围棋，《书剑恩仇录》中陈家洛下围棋，用棋子做暗器；《笑傲江湖》中的黑白子痴迷围棋；《天龙八部》中的玲珑棋局等，不同的人物下围棋体现出了不同的性格。"

曾一度有人在报上对金庸的小说进行了刻薄的嘲讽。当时，许多人都认为金庸会大动肝火。但恰恰相反，金庸没有拍案而起，而是向媒体发了一封特别温和的公开信："……上天待我已经太好了，享受了这么多幸福，偶尔给人骂几句，命中该有，也不会不开心的。"如此轻描淡写，泰然处之，这是一种很可贵的品性修养。这种修养是极宝贵的财富，是情志养生的至高境界，达到这种境界的关键就是要具备"八风吹不动"的心理素质。他说："先哲教导说，修养到遇到八风中任何一风时都不为所动，这是很高的修养。我朝这个境界不断地努力，就一定能健康潇洒地活着。"

### ◎故事感悟

人常说，心态决定成败，而"成败"也涵盖养生意义上的身体健康与否。因此说，达观的精神态度是养生的必备因素之一，金庸先生便为我们作出了表率。

### ◎史海撷英

#### 茶道

茶道指的是烹茶饮茶的艺术，是一种以茶为媒的生活礼仪，也被认为是修身养性的一种方式。它通过沏茶、赏茶、闻茶、饮茶、增进友谊，美心修德，学习礼法，是很有益的一种和美仪式。

茶道最早起源于中国。中国人至少在唐朝或唐朝以前，就在世界上首先将茶饮作为一种修身养性之道，唐朝《封氏闻见记》中就有这样的记载："茶道大行，王公朝士无不饮者。"这是现存文献中对茶道的最早记载，唐朝寺院僧众念经坐禅，皆以茶为饮，清心养神。南宋绍熙二年(1191年)日本僧人荣西首次将茶种从中国带回日本，从此日本才开始遍种茶叶。在南宋末期(1259年)日本南浦昭明禅师来到我国浙江省余杭县的经山寺求学取经，学习了该寺院的茶宴仪程，首次将中国的茶道引进日本，成为中国茶道在日本的最早传播者。遗憾的是中国虽然最早提出了"茶道"的概念，却没有能够旗帜鲜明地以"茶道"的名义来发展这项事业，以至于使不少人误以为茶道来源于他邦。

## ◎文苑拾萃

### 《射雕英雄传》

《射雕英雄传》是金庸中期武侠小说创作的代表作品，同时也是金庸拥有读者最多的作品，它的发表确立了金庸"武林至尊"的地位。这部小说历史背景突出，场景纷繁，气势宏伟，具有鲜明的"英雄史诗"风格。在人物创造与情节安排上，它打破了传统武侠小说一味传奇，将人物作为情节附庸的模式，坚持以创造个性化的人物形象为中心，坚持人物统帅故事，按照人物性格的发展需要及其内在可能性、必然性来设置情节，从而使这部小说达到了事虽奇人却真的妙境。

# 苏局仙养生之道

◎养生之道，至暮夜而虚其腹，元气所以运转不穷。——杨名时

苏局仙（1882—1991年），字裕国，室名东湖山庄。上海市南汇县周浦镇人。清代末科（1906年）秀才。长期从事教育工作，喜好工诗及书法，早年写柳、颜楷书，后专攻王羲之《兰亭序》。1985年被评为全国健康老人，称上海市第一老人。上海文史馆馆员。著作有《蓼莪居诗集》、《水石居杂缀》、《东湖山庄百九诗集》、《水石居诗抄》等。

苏局仙，我国著名书法家，苏东坡第二十八代孙。据悉，在105岁时他曾说："我之所以长寿，并没有什么灵丹妙药，主要是生活有规律，坚持进行一些适度的体育锻炼。我每天看书、读报、写字，藉以陶冶自己的心情。"他一日三餐定时定量，爱吃青菜，偶尔吃肉；不吸烟；在逢年过节时饮少许酒。他习惯于早睡早起，午睡一会儿。每天饭后，必绕桌走800步，持之以恒。

苏局仙先生自幼酷爱书法艺术，90年间从未间断过，坚持每天临池习字二百，既使手、腕、臂不僵化，又起到静心养气的作用。他胸襟开阔，待人热情诚恳。他说："生活中待人要宽厚，处事要顾全大局。"晚年时，不少人向他求索墨宝，他从不吝惜，相比之下，尽力而为、家庭和睦美满也是苏局仙长寿的因素之一，百岁高龄时四世同堂，其乐融融。

### ◎故事感悟

养生本没有所谓的灵丹妙药，即便有，只是注重生活中的微小细节罢了，譬

如加强身体锻炼、饮食以及生活作息要规律、注重修身养性。苏局仙先生便是该理论强有力的佐证，所谓细微之处见真功。

◎史海撷英

## 南仙与北佛

自古书家多长寿，历代书坛多寿星。如柳公权87岁、欧阳询84岁、文征明89岁、梁同书92岁，与同时代人相比这些人确实算是高寿了。而当代书法家林散之、沙孟海、王蘧常、启功仙逝时都超过了90岁，而最长寿者则是20世纪的“南仙北佛”。“南仙北佛”指上海南汇晚清秀才苏局仙和晚居北京的辛亥老人孙墨佛。

苏局仙出身书香门第，和鲁迅同庚，是清朝最末的一个秀才。他生于1882年1月1日，卒于1991年12月30日，整整110岁。苏局仙早年的身体并不强壮，自幼多病，几十年中，几次因病濒危。他预料自己活不到70岁，60岁就购备了寿材，放在家中。后来觉得多此一举，就改作了家具。他从没有想自己能够长寿，他说是一不小心活过了80、90、100。他93岁时，失足倾跌，股骨损裂。他不肯上石膏，在家卧床几个月后，逐步锻炼恢复的。百岁那年，有次外出散步，一脚踩空跌倒，胳膊伤筋，他不肯吃药，每天轻微锻炼，逐步又恢复写字作画了。

苏老曾写过一首《长寿三字经》：

人长寿，并不难。要早起，缜早睡。节饮食，慎寒暑。戒烟草，忌暴食。勿过饱，勿过饥。饥即食，倦即息。休烦恼，抱乐观。勤操作，多运动。透空气，避污浊。戒忧虑，毋怒躁。常洗浴，勤换衣。讲卫生，病早医。种花木，养虫鱼。明乎此，保长寿。

他还把自己的长寿经验归纳为八要：心胸要开朗，思想要乐观，感情要温和，嗜好要适可，身体要运动，冷热要当心，睡眠要充足，营养要适当。

仔细品味苏局仙老人的长寿经验，再认真揣摩老人家的长寿实践，确能使人受到很多启迪和教益。

◎文苑拾萃

## 望江南

（宋）苏轼

春未老，风细柳斜斜。
试上超然台上看，半壕春水一城花。
烟雨暗千家。寒食后，酒醒却咨嗟。
休对故人思故国，且将新火试新茶。
诗酒趁年华。

# 吴阶平的自我保健

◎一个明智地追求快乐的人，除了培养生活赖以支撑的主要兴趣之外，总得设法培养其他许多闲情逸致。——名人名言

吴阶平（1917— ），江苏常州人。中科院院士、医学家。

年过九旬的全国人大常委会副委员长吴阶平教授，仍精神矍铄，思维敏捷，动作灵活。他说："我的活动能力和精神状态仍较好，这与比较重视自我保健有关。""重在自我保健，就会发挥健身的主观能动性。"总结开来，吴老注重以下几种保健：

其一，精神保健，不把悲伤的事久放在心上。他认为："人生不如意的事常八九，家庭或个人的不幸，焉能不悲伤痛苦？但悲伤要伤身，乐观才是健康的根本所在。总得要想得开，以理智克制感情，豁达乐观对健康是至关重要的。"

其二，体育保健。每天坚持半小时的健身锻炼。他认为："多活动，多思考，可起到延缓衰老的作用。当然要量力而行和坚持不断才有好的效果。"所以，吴老有固定的自行车健身，常踏着车子锻炼身体。他常常在晨起后，下楼散步和做广播操锻炼。尽管事务繁忙，他每天也要坚持半个小时的健身。

其三，工作保健，注意劳逸结合。吴老虽退居二线，但这位著名医学家和政治活动家，仍坚持工作，但他科学安排时间，紧张而有序，很注意劳逸结合，他说："有时事情多，工作堆积起来，难免感到烦，但烦死也解决不了问题，不如乐观对待，有劳有逸，打歼灭战，完成一样就是一个胜利，在工

作中看到自己的成功，又增添了乐观的情绪。”

其四，饮食保健，注重营养均衡。他认为营养是健康的重要因素，但长期和过剩的精粮、高脂、高盐、高糖会引起一些心血管病征，因此，他粗细粮皆吃，荤素搭配，从不挑食、过食。

其五，起居保健，不随便打乱“生物钟”。他认为“天人合一”的学说是几千年的实践中总结起来的科学，起、睡定时，每天5点半就起床，从不恋床。午间小憩，晚上10点必就寝，生活极有规律，以保持“生物钟”的正常运行。

其六，情趣保健，在看体育比赛中得到振奋。年轻时，吴老爱好广泛，生活情趣多，对心身健康极有益处。他曾喜欢以网球、羽毛球、文艺演出健身，以打桥牌、看京剧健脑，现在，则移情于每晚电视的体育节目，他说：“体育节目竞争性强，可以使人精神振奋，”这些习以为常的自我保健活动，使吴老“至今没有退休的感觉”，“没有老之将至的感觉”，自我保健“也是一种最好最有效的健身之道。”

## ◎故事感悟

保健是一个人的自我固有意识中的有机组成部分。一个人要想在养生方面有所得，便要一直把自我保健作为固有生活习性，成为生活方式的自然组成部分，成为自觉的行为规范。吴阶平先生便在这方面为我们作出了榜样。

## ◎史海撷英

### “天人合一”学说

“天人合一”的思想观念最早是由庄子阐述，后被汉代思想家、阴阳家董仲舒发展为天人合一的哲学思想体系，并由此构建了中华传统文化的主体。董仲舒是儒家最早言说五行者，战国以前的儒家只言阴阳而不论五行。而董仲舒将阴阳、五行学说合流并用，他一般还被看作是儒门解易的第一人，其代表作为《春秋繁露》。

古人认为，在自然界中，天地人三者是相应的。《庄子·达生》曰：“天地者，万物之父母也。”《易经》中强调三才之道，将天、地、人并立起来，并将人放在中心地位，这就说明人的地位之重要。天有天之道，天之道在于“始万物”；地有地之道，地之道在于“生万物”。人不仅有人之道，而且人之道的作用就在于“成万物”。这不仅是一种“同与应”的关系，而且是一种内在的生成关系和实现原则。天地之道是生成原则，人之道是实现原则，二者缺一不可。

## ◎文苑拾萃

### 老当益壮

老当益壮意思是指年纪虽老而志气更豪壮。该成语出自范晔《后汉书·马援传》：“丈夫为志，穷当益坚，老当益壮。”

东汉名将马援，自幼胸怀大志，他打算到边疆发展畜牧业。长大后，马援当了扶风郡的督邮。一次，郡太守派他送犯人到长安。在半道上，他觉得犯人怪可怜的，不忍心把他送去受刑，就把他放走了。自己也只好丢了官，逃亡到北地躲起来。这时恰好赶上大赦，以前的事不再追究，于是他安心地搞起畜牧业和农业生产。不到几年工夫，马援成了一个大畜牧主和地主。他有牛羊几千头，粮食几万石。但是，他不满足于现有的富裕生活，他把自己积攒的财产、牛羊，都分送给他的兄弟、朋友。他说：“一个人做个守财奴，太没有意思了。”他常对朋友说：“做个大丈夫，总要‘穷当益坚，老当益壮’才行。”就是说，越穷困，志向越要坚定；越年老，志气越要壮盛。后来，马援成了东汉有名的将领，为光武帝立下了很多战功。

# 巴金的养生之道

◎以治气养生，则后彭祖；以修身自名，则配尧舜。——荀子

巴金（1904—2005年），字芾甘，原名李尧棠，四川成都人。现代文学家、出版家、翻译家。20世纪中国杰出的文学大师、中国当代文坛的巨匠。其代表作有“激流三部曲”:《家》、《春》、《秋》，“爱情三部曲”:《雾》、《雨》、《电》。

巴金，中国文学史上不多见的百岁作家。

翻开有关他养生的资料，我们便不难发现，其长寿之道首先在于养精。巴金先生于1927年23岁在巴黎开始创作，在《回忆》一文记有：我每天上午到卢森堡公园里散步。他这种习惯，一直持续到中年和老年。

如此六十多个春秋他坚持着泰然地散步，便是《黄帝内经》中“广步于庭”的养生处方。其作用有如《老老恒言》所指出的“步主筋，步则筋舒而四肢健”，“人散步所以养精”的全身性吸氧运动。

值得一提的是，他还把散步运动与写作的体验生活结合。如在1933年他25岁时写《雪》，他曾冒着浓烟和尘埃，积极到浙江长兴煤矿生活；在1952—1953年48岁时，为歌颂抗美援朝，他两度深入到战地。这样“一身动一身强”的活动，自然换得精充力足的回报。

《寿世保元》指出“男子破阳太早则伤其精全”。他“为了写作，避免为生活奔波”，40岁才结婚。晚婚而保精，正是“养生者务实其精”的关键。加上他终生不嗜烟酒，又从源头上堵住了一定的病根，从而有一副康健的体魄。

其次是益气。巴金先生曾说过："应把个人的命运联系在民族的命运上。"1937年日寇"八·一三"进犯，上海军民奋起抵抗，他便在《自由快乐地笑了》一文中，高喊："这炮声带回来我们的勇气、信心与热情，……是的，侵略者一定会失败，会灭亡的。""人之有生，全在于气"，这种大气凛然，直接产生和拥有旺盛精力的正气。

在抗美援朝一战役中，他毅然到志愿军防空洞，成为"兵团一员"，并及时发回几十篇优秀的战地通讯。出版有《生活在英雄中间》等6部专集。

此外他还说道："生命的意义在付出、给予。"在他担任文化出版社总编期间，曾义务编辑了大批中外名著；同时编辑出版十多位无名作者的优秀处女集，如卢剑波、李林等。他对从未谋面的田涛、屈夫、郑定义等作家给予热情的扶助。由此可得出一个结论，这种"正气存内"的滚烫热心，焉会不具有"邪不可干"的强大免疫力。

他性格温和，不急不躁。巴金先生最大的爱好是读书。在《我和文学》中，他说："古今中外的作品能到手的就读，脑子里一大堆'杂货'。"如《古文观止》的两百多篇，他能倒背如流。如此积极吸收人类知识精华，自然高瞻远瞩，宠辱不惊，高尚情操怡然而生。

"文革"时，他"不出卖自己灵魂"，遭到"四人帮"扣上十多项重重大帽，再加上抄家、揪斗、鞭打、剥夺人身自由。年近古稀尚发配"五七"干校两年多。特别是1973年妻亡家破后，他仍竭力调摄情志，化悲痛为力量，努力"要坚持下去"，在"纯粹而不杂，静一而不变，淡而无为"中，每天默默地躲在旧汽车房楼上，不管酷暑寒冬，专心致意地翻译赫尔岑《往事与深思》几百字，悦乐安神，准备着把人类的真善献给社会。

在拨乱反正后，1979年全国第四届文代会上，他和郭沫若、茅盾等并列为"一代文学巨匠"。1982年4月，又喜获意大利"但丁"国际奖。1984年5月，国际第四十七届笔会，又被誉为"世界七大文化名人"之一。1984年8月，上海市第三次文代会上，全体代表致巴金信中，称其为"杰出的文学大师"。但是他在《大镜子》一文中公开说："我只是一个作家，一个到死也不愿放下笔的作家。"75岁后，他仍老而弥坚，响亮提出："把心交给读者"，"艺术的最高境界是无技巧！”在他的巨著《讲真话的书》(含《随想录》5卷)，更有勇敢地追求科学、民主、法制和对和谐社会的呼唤。

在随后的日子里，他将出版所获“福冈亚洲文化特别奖”的五百万日元和大批珍贵文献资料捐给中国现代文学馆。以及那一次次隐姓埋名为“希望工程”、受灾地区捐出的存款，既是“神藏于内”的人品显露，又可谓是“精神皆安，以此养生则寿”。

## ◎故事感悟

养精即为保持心态平和，精神皆安。可以说，心情舒畅要胜过一剂良药，它不仅可以左右一个人的精神风貌，更与其身心健康息息相关。巴金先生便为我们作出了榜样，其事迹简单真实，却给我们带来了不一样的感受，值得我们去揣摩。

## ◎史海撷英

### 巴金买书

巴金胞弟李济生曾谈起四哥爱书、买书的情况：“说到他最喜爱的东西，还是书。这一兴趣从小到老没有变。在法国过着穷学生的清苦生活时，省吃俭用余下来的钱，就是买自己喜爱的书。有了稿费收入，个人生活不愁，自然更要买书。‘一·二八’日本侵略军的炮火毁去了他的住处，收藏的书也随之毁了。习惯已成，兴趣所在，书慢慢地又积累起来。他去日本小住一年，就买了许多英日文版书带回来。有的名家作品他会不遗余力地搜集各种文字的译本。住屋几乎全放满了书。新中国成立后搬了家，房子宽敞了，书架、书橱也随之增多增大。书房内四壁皆书，客厅内也顺墙壁一溜立上4只大书橱，连走廊上、过道上也放有书橱。一句话，无处不是书了。”

1949年，上海解放前夕，巴金一家生活已很拮据，只剩下57元银元。萧珊从菜场买来价廉的小黄鱼和青菜，用盐腌起来，晾干。每天取出一点，就算全家有了荤腥蔬菜吃了。这两个菜，竟然支撑了全家半年的伙食。

一天傍晚，楼梯传来巴金沉重的脚步。萧珊和养子绍弥迎了上去，只见他提着两大包刚买的书，气喘吁吁的。萧珊问道:“又买书了？”“嗯，当然要买书了。”巴金回答道。从来就十分尊重，也什么都依着巴金的萧珊，这时说了一句:“家里已经没有什么钱了。”巴金问也不问家里到底还有多少钱，日子能不能过下去，就说道:“钱，就是用来买书的。都不买书，写书人怎么活法？”

◎文苑拾萃

## 巴金故居

巴金故居坐落于今四川省成都正通顺街 98 号，又称李家院子。1904 年，巴金出生在这里。除有两年随父亲去广元县外，巴金在这里居住到 19 岁，在此度过了他的少年和青年时代。1923 年春天，巴金离开这里去南京读书。故居原为五进三重堂砖木平房建筑，有大厅、堂屋、桂堂和院墙，在桂堂天井里有两株桂树，在两株桂树当中就是故居的中线，大门就在中线的东边，院墙由青砖砌成，从南到北总长约 80 米。新中国成立后，这所院子成为成都军区战旗歌舞团驻地的一部分。现已被拆除。

# 国医大师四法说养生

◎营养均衡是保证身体健康的一大准则。——名人名言

苏荣扎布（1929—　），蒙古族人，蒙医内科学教授。曾任内蒙古蒙医学院院长，内蒙古自治区第五、六、七届人大代表、第七届全国人大代表，在第五届内蒙古自治区人代会上被选为内蒙古自治区革命委员会委员。《中国医学百科全书 · 蒙医分卷》副主编，《中国中医药年鉴》编委会委员，内蒙古自治区蒙医学会副理事长。2009年6月19日，他被评为中国首届30位国医大师，是内蒙古自治区唯一获得这一殊荣的中医。出版著作有《蒙医医疗手册》、《蒙医实用内科学》、《中国医科百科全书 · 蒙医学分册》、《蒙医内科学》、《蒙医名医集成》、《蒙医学选编》、《蒙医临床学》、《蒙医学百科全书 · 蒙医学》等。

苏荣扎布，蒙古族人，我国首届国医大师、全国老中医药专家学术经验继承工作指导老师、内蒙古自治区有名蒙医。

在讲到养生时，苏荣扎布认为元气为生命之本。人要有所追求，但不可奢求，奢求会气阻伤身。人应求其所能求，舍其所不能求，心安自得才能使元气充沛，益寿延年。所以苏荣扎布提倡戒疑、戒妒、戒卑、戒傲、戒躁、戒愁、戒嗔、戒悲。与此同时，苏荣扎布还提出四个养生精髓。

其一，运动养生健身益智。

生命在于运动，这是中外科学家的共同认知，也是苏荣扎布所提倡的养生方略之一。人假如没有自觉的运动，而是安于休息，那么他的生命周期就会缩短。可以说，人体最完美的运动是跑步，在跑步中，两腿不断轮换地刺激左右大脑半球，极易锻炼脑组织及其他组织器官。如年龄较大跑不动，则可每天坚持走路1小时，也可达到同样的效果。该类运动应从年轻时开始，如果等到年老走不动了，再去锻炼，就有些来不及了。除却每日坚持慢跑外，每日还应坚持搓脸、转睛、叩齿、打太极拳。

其二，饮食养生营养平衡。

有人曾提出药物养生法，这种认识是片面的。药物虽可养生，但药物是有偏性的，或偏于热，或偏于寒，久而久之后就会产生一定的毒副作用，远不如食物养生作用平和、持久。所以说“药补不如食补”这句话是正确的。苏荣扎布主张多吃素食、杂食，如黄豆、大枣、核桃、木耳、萝卜、芹菜、菠菜、土豆、蜂蜜、羊肉、牛奶等，这些都是益寿补品，老年人应多补钙、磷，少吃食盐。还要做到不偏食，不反复吃同样一种食物，不过饱，须戒烟，少饮酒，适量摄入维生素。饭后茶余，闲庭信步，或低吟自己喜欢的诗词歌赋，或哼唱小调，这样可以舒缓心情，排除杂念，达到忘我的境界。

其三，大脑养生思维敏捷。

大脑是机体生命活动的司令部，保持大脑的思维敏捷是养生保健的重要内容。每天白昼如能保持大脑安静半小时或一小时，便可起到充分发挥脑组织的潜力，协调生理与情绪，减少热能消耗的作用。所以保持头脑不退化的最好办法就是勤用大脑，这正如防止旧机器生锈一样，唯一的方法就是让它适当地转动。但用脑不宜过度，适时使大脑安静可使全身肌肉放松，气血畅通，达到心静神安、老而不衰的境界。

其四，春季养生舒展阳气。

俗话说，“一年之计在于春”，春季养生对于全年的养生非常重要。春季能保持身心健康，使肝气顺达，心情舒畅，就可奠定良好的健康基础，使其后三季的养生顺利而畅达。春季到来时，随着气温升高，气候逐渐变暖，人的皮肤松弛，毛孔扩张，皮肤末梢血管的供血量增加，会导致身体困乏，出现“春困”现象。这时，调整好睡眠至关重要。睡前保健的重点是调摄心神，即精神调摄，“先睡心，后睡眼”就是这个意思。首先在睡前半小时应使情志平稳，心思宁静，摒弃一切杂念；其次要稍事活动身体；再者睡前要洗面、洗脚，按摩面部。待到谷雨节气，自然界万物复苏时，人们应该做到晚睡早起，在春光中呼吸新鲜空气，舒展四肢，舒展阳气，以顺应春阳萌生的自然规律。

由此可得一个结论，正是苏荣扎布老人严格地遵守养生四法，才能老来之时依然身法矫健，精神矍铄。

## ◎故事感悟

从苏荣扎布老先生的养生主张中可看出，养生本质在于养心，主要方法在于饮食搭配要均衡，其次是注重身体锻炼和脑部锻炼。可以说，养生是一个由内自外的过程，而苏荣扎布老先生则充分地引导我们向传统养生真谛的深处迈进。

## ◎史海撷英

### 蒙古族

据《史记》记载，蒙古部最初只包括捏古斯和乞颜两个氏族。公元8世纪，由于人口的不断增长，氏族于是向外迁徙，此时已分出70个分支，这70个分支被称为“迭儿勒勤蒙古”。12世纪时，这部分人子孙繁衍，氏族支出，渐分布于今鄂嫩河、克鲁伦河、土拉河三河上源和肯特山以东一带，组成部落集团。

后来，随着畜牧业生产的发展，出现了阶级分化，从而逐步形成了封建牧奴制。1206年，铁木真在斡难河畔举行的忽里勒台（大聚会）上被推举为蒙古大汗，号成吉思汗，建立了大蒙古国。此后从1219年到1260年，蒙古族三次西征，先后建立横跨欧亚的窝阔台、察合台、钦察、伊儿四大汗国。在西征的同时，又挥师南下。从成吉思汗到忽必烈，历经七十余年征战，统一了中国，建立元朝。元至正二十八年（1368年），元朝灭亡，残余力量退居蒙古草原。蒙古分为东西两部：东部蒙古游牧于漠北和漠南，其首领为元室后裔，被视为蒙古的正统；游牧于漠西的瓦剌部（即原斡亦喇部）被称为西蒙古，与东蒙古有姻亲关系。

15世纪，蒙古南北被达延汗重新统一，分东部蒙古为喀尔喀、兀良哈、鄂尔多斯、土默特、察哈尔、喀剌沁（永谢布）六部。明末清初，蒙古处于分裂割据状态，以大漠为界，分为漠南蒙古、漠北（喀尔喀）蒙古、漠西（厄鲁特）蒙古三部分。

1947年5月1日，在中国共产党领导下建立内蒙古自治区，成为中国建立最早的一个自治区，以后又相继成立了9个自治州、县。

## ◎文苑拾萃

### 那达慕

那达慕是蒙古语的译音，意为“娱乐、游戏”，以表示丰收的喜悦之情，是中国蒙古族人民具有鲜明民族特色的传统活动，同时也是蒙古族人民喜爱的一种传统体育活动形式。其中锡林郭勒盟的那达慕最具代表性。每年农历六月初四（多在草绿花红、羊肥马壮的阳历七、八月）开始的那达慕，是草原上一年一度的传统盛会。

那达慕以嘎查（村屯）、苏木（区乡）为单位，或以旗县为单位举行。那达慕分为大、中、小三种类型。大型那达慕，摔跤选手为512名，骏马300匹左右，会期7—10天；中型那达慕，摔跤手256名，马100—150匹，会期5—7天；小型那达慕，摔跤手64名或128名，马30或50匹左右，会期3—5天。无论何种民族与宗教信仰的人，均可报名参加。

# 吴咸中的养生经

◎智者养生也，必须四时而调寒暑。——曹庭栋

吴咸中（1925— ），国际外科学会会员、世界卫生组织传统医学专家咨询组成员、国务院学位委员会学科评议组成员、中华医学会副会长、天津医学会会长、中国中西医结合学会名誉会长、天津市科学技术协会副主席、美国克里夫兰医学中心客座教授、中国工程院院士。曾任天津医学院院长、天津市南开医院院长等。

吴咸中老先生虽然已过八旬，但其仍然精神矍铄，神采奕奕。当人们问起其养生之道时，他说："注意养神，调节七情，珍惜精气，节戒色欲，保护脾胃，饮食有节，重视运动，勿使过度。"这些就是健康行动的细则。

吴咸中曾说"人的健康程度受很多因素影响，但其中个人生活和心理状态的影响最大，占60%左右，其他如父母遗传、气候、社会等因素对健康的影响只占15%、7%和10%。"

健康长寿是我们普遍的希望，也是人们可能实现的愿望，而愿望能够实现则关键则在于使自己保持健康状态，远离亚健康与不健康状态。有了健康的心理，就能够战胜外部因素。所以，人们倘若能够自觉保持无病、体力充沛、良好的精神和心理状态，就等于掌握了保持健康状态的三大要素。

吴咸中讲解了实现三大要素的秘诀。他指出，中医讲究"法于阴阳，和于术数，食饮有节，起居有常，不妄作劳。虚邪贼风，避之有时，恬淡虚无，

精神内守，病安从来”。这事实上与国际医学界近年提出的“健康长寿四大基石”是基本相吻合的。如果通俗地讲，即让人们做到合理饮食、适量运动、戒烟限酒、心理平衡。从具体生活角度出发，就是市民在饮食上要实现“四高”（高蛋白、高维生素、高纤维素、高微量元素）和“四低”（低脂、低糖、低盐、低胆固醇）；在平时要勤于运动，并要坚持不懈；尤其要养成良好的生活习惯，不吸烟、限饮酒等；还要正确面对现实，自己会做自己的思想工作，使自己拥有愉快的心态，助人为乐、知足常乐、自得其乐。

吴咸中表示，历史悠久的“八段锦”健身术能使弱者壮、老者健，防病治病，益寿延年，因此应该提倡老年人都来做。

多年来，吴咸中始终坚持不懈地勤奋工作。他常告诫自己和别人说：“虚名不可贪，名重更需谦，科学无坦途，智者贵登攀。”他的座右铭是：“勤能补拙，俭以养廉”。已是耄耋之年的吴咸中说自己是个把时间看得很重的人，他的工作作息一直遵循着他的吴氏口诀：“一年当两年，一日三单元，假日干半天。”直到年过80岁之后他才改为半日制工作。

他每天都要摘录报刊杂志中的高等医学教育和医学研究动态，每周都有3个半天的医疗查房，每个学期都要讲授外科学、医史学，每年都招收研究生和国外进修生，每年都要求有专著或论文发表。他的那些大部头著作大都是在晚间、假日忙里抽闲，日积月累完成的。他再三强调，是工作使他年轻，工作使他长寿。

◎故事感悟

吴老养生的秘诀关键在于养心，就如其所讲的“注意养神，调节七情，珍惜精气”。此外，饮食节欲也尤为必要，“节戒色欲，保护脾胃，饮食有节，重视运动，勿使过度”。由此可见，吴老的养生是将养心与养身并举。这也为我们在理论与实际操作方面提供了依据，值得我们学习。

## ◎史海撷英

### 吴咸中献身医学教育

吴咸中院士在培养中西医结合临床高级人才方面作出了重要贡献，已培养出8名博士后人员、30余名博士和48名硕士，构建了一支结构合理的中西医结合临床人才梯队。同时，以吴院士为学科带头人的中西医结合临床学科两次被评为国家级重点学科点。在任天津医学院院长的8年中，他大力推进医学教育教学改革，加强学科建设和基础设施建设，为学校进入“211工程”建设行列奠定了坚实的基础。

# 李济仁调五脏养生法

◎体欲常劳，食欲常少。——梁章钜

李济仁（1931— ），原名李元善，皖南医学院附属弋矶山医院主任医师、教授，全国老中医药专家学术经验继承工作指导老师、安徽省名老中医。

李济仁，皖南医学院附属弋矶山医院主任医师、教授，全国老中医药专家学术经验继承工作指导老师、安徽省著名老中医。

李老虽已经年过八旬，还患有“三高”症，但他思维敏捷，步履轻盈。当人们问其长寿秘诀时，他则当场示范了五套养生秘诀。

其一，养心。李济仁老先生说，五脏之中养心最为重要，养心主要要做到养神。因心主神明，故平时遇事尽量保持心平气和，不过喜也不过忧，与人交往不计较得失，该舍便舍，以保证心神处于宁静状态。每天晚上临睡前按摩手上的劳宫穴和脚上的涌泉穴，可起到心肾相交改善睡眠的作用。而在食物补养方面，李老则常用西洋参泡水喝，常吃桂圆、莲子、百合、黑木耳等，以益心气养心阴。还要重视午休，因心活动最活跃的时候是在午时，而且这时也是阴阳相交合的时候，因此午休能保心气。

其二，注意调肝，肝主疏泄。养肝主要从情志、睡眠、饮食、劳作四个方面入手。养肝的第一要务就是要保持情绪稳定，平时尽量做到心平气和，如欣赏字画、养花种草、游山玩水等，可以陶冶情操。人卧则血归于肝，定时休息既能保持良好的睡眠质量，又能养肝。还要做到饮食清淡，少吃或不吃辛辣、刺激性食物，以免损伤肝气。平常还应做到既不疲劳工作，也不疲劳运动，以防过度疲劳损肝。

其三，重视养肺。肺主气司呼吸。以积极乐观的态度对待事物，避免情绪因素而伤肺。早晨起来常做深呼吸，速度放慢，即一呼一吸尽量达到6秒钟，该方法可以养肺。还有一种闭气法，经常采用闭气法，有助于增强肺功能。即先闭气，闭住以后停止，尽量停止到不能忍受的时候，再呼出来，如此反复18次。平时多吃有助于养肺的食物，如玉米、黄瓜、西红柿、梨及豆制品等。

其四，注重健脾。脾胃为气血生化的来源，后天之本，健脾往往与养胃结合起来。在饮食方面，每次吃七八分饱，其次再做一些运动和按摩，以助“脾气”活动，增强运化功能。如每天起床和睡前都各做36次摩腹功，即仰卧于床，以脐为中心，以顺、逆时针方向用掌各按摩36下，再用手拍打和按摩脐上膻中穴、脐下丹田穴各100下。平时多吃利脾胃、助消化的食物，如山楂、山药等。夏秋之际天还应常吃香菜、海带、冬瓜等养脾开胃之品，以顾护脾胃。

其五，不忘补肾。肾藏精主纳气，主骨生髓为先天之本。在平日里经常用一只手在前按摩下丹田、关元穴，另一只手在后按摩命门穴、腰阳穴。因这几个穴位有助于养肾。常吃核桃、枸杞、黑豆、芝麻以保肾。经常叩齿吞津，排小便时尽量前脚趾用力着地并咬住牙齿，以助保肾气。

此外，还要注意六腑养生。平常多吃一些粗纤维的食物以刺激肠蠕动，养成定时排便的习惯。只有六腑功能正常，与脏腑互相作用，机体才能处于阴平阳秘的健康状态。

### ◎故事感悟

五脏是一个人健康与否的关键所在，李老率先垂范，身体力行，向我们揭示了养生的核心所在。其养生精髓值得我们学习。

## ◎史海撷英

### “悬壶”溯源

“悬壶”是根据壶公的故事而来，而壶公何许人？《后汉书·方术列传·费长房传》和葛洪《神仙传》虽都有记载，但均为神话传说。据《安徽卫生志》记载：“后汉历阳（今属安徽和县）人谢元，医术精湛，诊病兼卖药，日收钱数万，尽以施贫。因其习惯将药装在葫芦里悬挂在店铺门头上，故被人尊之为‘壶公’”。从此之后，郎中行医也用葫芦来作店铺招牌，以表示医术高超、所售药物灵验，“葫芦”也因此成了医生的标记。而后，人们便称技术高明医德高尚的中医师为“悬壶济世”，历代医家行医开业，每以“悬壶之喜”等为贺。到了后世，甚至不乏药房以葫芦为招牌、药厂以葫芦为商标图案者。

## ◎文苑拾萃

### 皖南医学院

皖南医学院位于今安徽省的江城芜湖，系安徽省属普通高等学校，校园占地面积近 937 亩（分为三个校区，南校区毗邻长江，北校区毗邻赭山，另已在南校区旁新增土地，尚未开发）。前身是芜湖医学专科学校，建于 1958 年。1971 年并入安徽医学院（现为安徽医科大学）为其皖南分院。1974 年国务院批准独立建院。

该学院以医学为主体，相关学科协调发展的高等医学院校。现设有临床医学、护理学、法医学等 17 个本科专业，9 个专科专业。研究生教育设有 15 个硕士学位授权点，基本涵盖了基础医学和临床医学各科室。设有 10 个实验中心。现拥有省级精品课程 7 门，省基础课实验教学示范中心 1 个。主办《皖南医学院学报》、《中国临床药理与治疗学》两种刊物，面向国内外发行。

ZHONGHUACHUANTONGMEIDEBAIZIJING
中华传统美德百字经

养·修性养身

# 第三篇

## 养生关键，在于养性

# 列子论养生

◎心者，五脏六腑之主也，忧愁则心动，心动则五脏六腑皆摇。——《黄帝内经》

列子，郑国莆田（今河南郑州）人，战国前期思想家。他是继老子和庄子之外的又一位道家思想代表人物，与郑缪公同时。

列子终生致力于道德学问，曾师从关尹子、壶丘子、老商氏、支伯高子等。隐居郑国40年，不求名利，清静修道。主张循名责实，无为而治。先后著书20篇，10万多字，今存《天瑞》、《仲尼》、《汤问》、《杨朱》、《说符》、《黄帝》、《周穆王》、《力命》等八篇，共成《列子》一书，均已失传。其中寓言故事百余篇，如《黄帝神游》、《愚公移山》、《夸父追日》、《杞人忧天》等，篇篇珠玉，读来妙趣横生，隽永味长，发人深省。后被道教尊奉为“冲虚真人”。

列子，战国时期身居郑国（今河南省郑州市区）的一位隐者，所著《列子》被世人认为是道教经典著作之一。原书八卷，现早已亡佚，今本《列子》系魏晋间人托名之作，但确能反映列子的学术思想。该书用较多的篇幅阐述养生之道，这些论述至今仍具备很高的实用价值。

列子养生秘诀一：清虚无为。

列子的思想属道教范畴，而道教思想的鼻祖是老子，因此“清虚无为”是由老子提出而列子又有所发挥的。“清虚无为”的核心是“无为”，列子认为，“无为”的作用是无穷无尽的，它“能阴能阳，能柔能刚，能短能长，能圆能方，能生能死，能暑能凉，能浮能沉，能宫能商，能出能没，能玄能黄，能膻能香”（《天瑞》）。《黄帝》篇围绕“无为”讲述了19个故事，即便这些故事不相连属，但总的内容是讲身心修养和怎样掌握这个规律的。其中一个故事是说孔子在吕梁观望一个汉子在大瀑布下漂游，只见那汉子在水中出没自如，边游边唱。孔子很惊讶，便好奇地问他有什么道术？汉子说，我只是顺水势的规律而不凭个人的好恶，这就是我能出没水中的原因。

列子在《力命》篇中指出，人的生命是“天福”、“天罚”、“生生死死，非物非我，皆命也”。而这里所说的“天”与“命”，则指的是自然界不可抗拒的运动规律。顺应这种规律，就可以长生。《天瑞》篇说：“常生常化者，无时不生，无时不化，阴阳耳，四时耳。”这种顺乎自然的思想在《黄帝内经》里阐述的更精辟、更具体，《素闻·四气调神大论》就是讲人与四时怎样协调统一的，这种“天人合一”、“天人相应”的养生理念，已被许多人所接受并在实践着。

列子养生秘诀二：涵养元气，乐而忘忧。

元气在《列子》中称为“道”、“太易”、“机”。“道”即是“气”，即是“机”，即是“太易”。“机”是讲运动形态，“太易”是讲原始状态。元气在人身的运动形态是不易觉察的。《黄帝》篇有一则列子问关尹的故事，列子问：“道德最高的人不会窒息，入火不会烧伤，腾空行走而不恐惧，他们依靠的是什么？”关尹道：“是纯气之守也，非智巧果敢之列。”就是说，他们依靠的是纯化本性，涵养元气，保持品德，而不是执意取巧的伎俩，所以能够通向自然。

在《仲尼》篇中记述了孔子的一段话：修养身心，不管处境是穷困或是显达，都要抑制心中的忧乱，这就是“乐天知命故不忧”。忧，本身就是致病因素，它能伤害人元气，派生许多疾病，而“乐而忘忧”就能涵养元气，不生疾病。《周穆王》篇记述了古代宋国一个叫阳里华子的人，中年患健忘症，占卜不灵，祈祷不验，用药无效，后来鲁国有个儒生用感化心灵的方法治好了他的病，这可以说是心理治疗学的最早实例。《黄帝内经》中有九气致病的专述，还有以情胜“忧”的治疗方法，由引可知，《黄帝内经》情志致病的理论与治法，与道家思想有着密切的联系。

列子养生秘诀三：尚柔主静，贵在专一。

以柔胜刚，以弱胜强，是《列子》养生理论的基本理念。《黄帝》篇曰："天下有常胜之道，有不常胜之道，常胜之道曰柔，不常胜之道曰强。"气功就是以柔弱胜刚强的健身之法。这种方法在老子《道德经》中就有阐述，曰："虚其心，实其腹。""虚其心"就是神向下，"实其腹"就是精向上。气功是以静坐求功，调息呼吸，意守丹田，这种形静气柔的方法，比起刚强之法，有不可言喻的功效。但列子在强调柔法的同时，并不排除刚强之法。《黄帝》篇引粥子的话说："欲刚，必以柔守之；欲强，必以弱保之。积于柔必刚，积于弱必强。"主张柔中求刚，弱中求强，可见他是以柔弱为基，柔中寓刚，这种认识至今仍是气功理论的核心。

养生贵在意念专一，老子说："神得一以灵。"《列子》则辅以故事阐明，最有趣的故事是"偻者承蜩"，是说孔子在林中看到一位驼背老人正在粘蝉，其准确程度竟像用手取物一样容易，孔子叹道，太奇妙了。问之，你有道术吗？老人在说明练习的刻苦性后说：虽然天地广大，万物繁多，但我只看见蝉的翅膀，不回顾也不侧视，不容任何事物来分散我的注意力，这样怎能会捉不到蝉呢！孔子听后对学生说："用志不分，乃凝于神，其佝偻文人之谓乎！"可见，炼气化神，意念专一，是以柔制刚，以静制动的首要因素。

## ◎故事感悟

养生的实质在于养性，普天下黎民百姓饮食起居无天壤之别，为何有人颐养天年，有人却英年早逝呢？这便是养性的功效所在。而列子为我们在理论与实践方面作出了表率。

## ◎史海撷英

### 列子祠

位于今郑州市东郊莆田乡莆田村北，前有潮河，后有丘陵，四周枣林丛丛。村东南一千米另有一座小型墓冢及墓碑，相传为列子墓。此祠创建年代尤考，据碑文记载，祠曾一度被改为佛寺。明万历八年（1580年）监察御使苏民望巡视河南过圃田时，得知此事，因命奉直大夫知郑州事许汝升重建祠堂，并立《重修列子祠记》碑石。祠堂原有硬山房大殿、卷棚、左右厢、过厅、门楼15间，呈长方院落，庭前屋后点缀有几株青绿刺槐。大殿顶镶鸱吻、宝瓶，望瓦有圆形图饰，楣木、雀替有“天马奔日”、“狮滚绣球”及花卉浮刻。厅前立有明碑1座和清碑3座。大殿1966年被毁，石碑推倒埋入地下，现仅存山门、廊房等硬山式建筑，为学生教室，其他均已拆毁重建。

## ◎文苑拾萃

### 列子

（宋）秦观

咄咄两小儿，多言空尔为。
後之日无定，不觉心有期。
尺棰探苍溟，俱令傍者嗤。
谁谓不能决，孔兵乃真知。

# 《吕氏春秋》中的养生奥秘

◎养生莫善于习动，并不因疲，日益求精。——颜习斋

吕不韦(?—前235年)，姜姓，吕氏，名不韦。战国末年著名商人、政治家、思想家，后为秦国大臣，卫国濮阳(今河南濮阳滑县)人。曾辅佐秦始皇登上王位，任秦朝相邦，并组织门客编写了著名的《吕氏春秋》，其门客有3000人。也是杂家思想的代表人物。

自汉代以来，《吕氏春秋》一直被称为“杂家”之说。今天看来，这种评价欠公允。对于《吕氏春秋》一书作出较高评价的是郭沫若，他说：“《吕氏春秋》对于各家虽然兼收并蓄，但却有一定的标准。”“这书却含有极大的政治上的意义，也含有极高的文化史上的价值，向来的学者似乎还不曾充分的认识。”这个评价是公正的。《吕氏春秋》的编著者，对于先秦各家的学说，能取其精华，舍其不足，进行综合加工，并有所创新，形成了独特的思想体系，成为我国春秋战国时期民族文化思想成果的一个总汇。它保存了先秦各家的许多思想资料，是一部有重要学术价值的历史文献。

《吕氏春秋》在“备天地万物古今之事”的写作计划下，适应新兴地主阶级“重己”、“贵生”的需要，谈了不少养生之道。其中的《本生》、《重己》、《贵牛》、《尽数》、《情欲》、《先己》等篇章都谈到了养生问题。书中所涉及到的一些养生理论和方法，有不少是值得我们继承的。与《荀子》相比，对体育的理性认识，有不少独到的地方。

《吕氏春秋》既然是吕不韦主编，书中有关养生的理论当然也可视为吕不韦的养生思想。该书的作者认为，“世之人主、贵人，无贤不肖，莫不欲长生久视”。即在世之人，都希望长寿。所以，“凡事之本，必先治身”，把治身作为一切事情的根本。在人们要求长生、治身的情况下，作者介绍了一些“贵生”之术。这些贵生之术，除了“节欲”、“去害”以及“察阴阳之宜，辨万物之利”之外，特别强调一个“动”字。

在作者看来，宇宙万物都是由精气的运动而形成的。“精气之集也，必有入也。集于羽鸟，与为飞扬。集于走兽，与为流行。集于珠玉，与为精朗。集于树木，与为茂长。集于圣人，与为复明。”不论动物、植物，都由精气的凝集和所入形成的；形成的各种不同物质，又有着各自不同的特征。宇宙万物靠“精气”的运动而形成，也靠“精气”的运动而长存；没有运动就没有一切。

联系到人体，人所以能健康长寿，就是因为精气在人体中畅流无阻，一旦精气在人体内的运动受阻，人就会生病。“精不流则气郁。郁，处头则为肿为风，处耳则为挶（音局，耳疾）为聋”。

那么，怎样才能保持精气畅通呢？那就是“运动”。《吕氏春秋》的作者用“流水不腐，户枢不蠹”的事实，形象地告诉我们，要经常进行身体活动，并警告当时的权贵们，不要“出则以车，入则以辇”。因为只坐车，不走路，不活动筋骨，就会招致痿蹶之症。所以，要经常运动，不断增强新陈代谢之功能，保持体内活力，只有这样，才会使“精气日新，邪气尽去，及其天年”。

根据《吕氏春秋》的成书时间来推算，古人对运动与健身关系的深刻认识是在两千多年以前。这便说明，重视养生健身，重视体育运动，是中华民族的传统美德。特别是《吕氏春秋》中提出的“流水不腐，户枢不蠹”的千古名言，一直在激励着无数健康长寿的追求者自觉地投身于体育锻炼。这可以说是吕不韦对中华民族养生健身学说的一个重要理论贡献。他的“动”字养生思想，可以说是中华民族养生学说中的主线。

◎故事感悟

“流水不腐，户枢不蠹。”强调的是运动的力量所在，这与人们常说的“生命在于运动”一理同出一辙。《吕氏春秋》早在千年之前便提出了锻炼身体的重要性，后人不得不被其先见而折服。反之，其养生精髓更值得我们传承与发扬。

◎史海撷英

## 吕不韦是国际贸易第一人

吕不韦是战国末期的卫国人。但当时的卫国是小国，经济不发达，于是他就把商品贸易发展到了赵国，并且把公司总部也建在赵国。当时赵国是各诸侯国的交通要道，各国的名人云集，经济比较发达。走出国门的吕不韦选择赵国作为自己的出口贸易国家，不但使吕不韦成为了历史上开拓国际贸易的第一人，也足以看出他独到的经济眼光。

◎文苑拾萃

## 《吕氏春秋》

《吕氏春秋》是战国末年（公元前239年前后）秦国丞相吕不韦组织属下门客们集体编撰的杂家（儒、法、道等等）著作，又名《吕览》。该书共分为12纪、8览、6论，共12卷，160篇，20余万字。吕不韦的著作其中包括了天地万物古往今来的事理，所以号称《吕氏春秋》。

# 范成大割愁以养性

◎养生莫若养性。——《千金方》

范成大（1126—1193年）字致能，号石湖居士。汉族，平江吴郡（郡治在今江苏吴县）人。南宋诗人。谥文穆。他与杨万里、陆游、尤袤合称南宋“中兴四大诗人”。代表作品有《石湖诗集》、《石湖词》、《桂海虞衡志》、《揽辔录》、《骖鸾录》、《吴船录》、《吴郡志》等。

范成大是南宋诗人。他一生受道学影响，注重养性修身，生性乐观，不为愁缠。因而虽身在乱世，仍能泰然处之，终始保持奋发向上的人生观。

北宋末年，范成大生于吴郡（今江苏吴县）。翌年，靖康之变，北宋灭亡。徽宗的第九子赵构即位于归德（今河南商丘），他就是宋高宗。不久又逃往长江以南。后以临安（今杭州）为都，长期偏安江左，史称南宋。

南宋初，金兵曾多次南下攻掠。仅建炎年间，金兵就三次南下，江淮大地尽遭其涂炭。

范成大的童年不得不在颠沛流离中度过。幼小的心灵中埋下了一颗同情百姓的心。成年后，南宋已与金议和。宋向金称臣，每年向金贡献银25万两，绢25万匹。这种屈辱使范成大刻骨铭心。

后来，范成大考中了进士，历任处州知府、知静江府兼广南西道安抚使、四川制置使、参知政事等职。他在这些职位上，能够注意兴修水利和减轻赋税，深得人民的爱戴。

鉴于范成大才华出众，能言善辩，宋王曾命他赴金为使，由于坚持宋、金两国的地位平等，坚贞不屈，几度险遭杀害。但他深悟养性之道，自磨其剑，割断愁肠，从不悲观。

一年，范成大在参知政事任上因与宋孝宗赵奋意见不合而罢官。从此，他闲居故里，过起了隐居的生活。尽管生活清贫，但他以苦为乐，终日喜形于色。他在诗中写道：

跋雪挑来踏地菘，
味如蜜藕更肥浓。
朱门酒肉无风味，
只作寻常把菜供。

一天，他漫步在乡村的小道上，耳听虫鸣，眼见山秀，心底坦然，性情怡然，不禁吟诗一首：

南浦春来绿一川，
石桥朱塔两依然。
年年送客横塘路，
细雨垂杨系画船。

幽静的田园生活，使范成大真正感到了古人的“意不修仕禄之业，淡然无为神气自满”的养性道理。

虽然身居故里，淡泊仕途，清心寡欲，但范成大忧国忧民。他看到山河破碎，思虑万端，极力反对那种“及时行乐”的颓废思想。

范成大看到，有些人因国破家亡愁眉不展，终日借酒消愁。而他却不然，他不但远歌舞，而且戒了酒。他说，一个人只要有爱国之心，报国之志，则能消愁乐怀，养性修身，达到健康长寿。

一天掌灯的时候，蒙蒙的细雨慢慢下大了起来，范成大故里院外的草木在凄厉的风雨中颤抖着。范成大停下读书，来到窗前，放眼望去，只见外边已是漆黑一片，唯有秋风秋雨萧瑟不停。一时间，范成大伫立在了那里，自己一生的坎坷经历与国家的遭遇都一幕幕地涌上心头。忍不住发出了一声叹息。

突然，咣当一声，打断了范成大的思绪。他回过头来寻声看去，原来是桌上的铜镜被风给吹倒了。他走过去，将铜镜拿了起来。铜镜中显现出了范成大的愁容。

他左照照，右看看，发现自己已经衰老了。看着自己的这副尊容，他忽然大笑了起来，自言自语道："愁一愁，白了头。"他心想：自己又何必让愁肠来影响自己的养性修身呢！

自此以后，他经常对人说：一个人只要自己从心里打磨一把割愁剑，斩去愁丝，割断愁肠，扫去愁云，定能修身养性。

养性，必须保持一种积极向上的心态。自己打磨割愁剑的过程，本身也就是一个养性的过程。割断了愁丝，也就使心态与精神坦然了。这也可谓是养性之道呀！

## ◎故事感悟

养生，必须保持一种积极向上的心态，自己从心里打磨一把割愁剑，斩去愁丝，割断愁肠，扫去愁之，只有这样才能达到修身养性的效果。

## ◎史海撷英

### 中兴四大诗人之一——范成大

范成大与杨万里年龄相近，均在北宋灭亡前后出生，又同在绍兴二十四年中进士，同列名于"中兴四大诗人"。相比之下，范成大在仕途上更为得志，曾任参知政事，晚年退职闲居。有《石湖居士诗集》。范成大一度也深受江西派的影响，现存的一些早期作品中，可以看到不少语言涩滞、堆垛典故的现象，和一些似禅非禅、似儒非儒的议论。不过，范成大在学江西诗风的同时，比较广泛地汲取了中晚唐诗歌的风格与技巧，在博采众长的基础上突破了江西诗风的笼罩。陆游的声名尤著。尤袤流传下的作品很少，成就也不高；杨、范虽比不上陆游，但都能摆脱江西诗派的牢笼，思想、艺术各有特色，不愧为南宋杰出的诗人。

◎文苑拾萃

### 酹江月·严子陵钓台

（南宋）范成大

浮生有几，叹欢娱常少，忧愁相属。
富贵功名皆由命，何必区区仆仆。
燕幅尘中，鸡虫影里，见了还追逐。
山间林下，几人真个幽独。
谁似当日严君，故人龙衮，独抱羊裘宿。
试把渔竿都掉了，百种千般拘束。
两岸烟林，半溪山影，此处无荣辱。
荒台遗像，至今嗟咏不足。

# 沈仕养心静身之道

◎养心在凝神，神凝则气聚，气聚则行全。若月逐攘忧烦，神不守舍，则易于衰老。——《医钞类编》

沈仕（1488—1565年）字懋学，一作字子登，号青门山人，仁和（今杭州）人。明散曲家，能诗善画。作品有散曲集《唾窗绒》传于世。

沈仕博学多才，十分喜爱养性修身，尤其是对人的七情六欲很有研究。他曾说：七情传其神，六欲促其进。情欲不可无，亦不可过。要做到欲有情，情有节。欲过则伤身，情过则伤神，此乃养性修身之本。

沈仕的这套说法，可谓继承了先前道教的养性修身精粹。以往的道教学家也曾说："常人不得无欲，又复不得无事。但当和心少念静身。"

明朝中期，政治腐败。明世宗朱厚熜在初即位时，虽然改革了前期的一些弊政，但他也是一个腐朽昏庸的皇帝。他在宫内设坛祭祀道教的神仙，祈求福祉长生，相信符咒、法水可以避邪去妖。他崇奉道士，给他们大官高爵。当时的奏章有前朝后朝的分别，朝臣们的奏章从前朝投进，道士们的奏章从后朝投进。对道士们所进奏章的内容，朝臣们是不能知道的。

有一年，明世宗在熟睡中差点被宫女勒死。此后，他就不敢在宫内住，而改住在西苑，一心一意地祈求长生。朝臣很难见到他。朝臣为他迷信道教而进谏的，不是革职，就是定罪。严嵩因祭祀虔敬，善制祭神文书，得到了明世宗的宠信，使其得以结党营私，任情贪污。

在这样一种社会风气下，养性修身也被以明世宗为首的一些达官贵人给歪曲了。一时间纵情纵欲，不思修性的所为不胜枚举。明世宗还在放情纵欲的同时，甚至听信一些左道旁门的道士所言，进行“采红”补身。

在这种情况下，沈仕对人的七情喜、怒、忧、思、悲、恐、惊，更加投入地进行了仔细的研究。

他说，情过必伤身。他从三国时期诸葛亮三气周瑜的故事中，深深悟出了怒则伤肝损身的道理，他认为：一个人要养性修身，遇事心要平和，特别要节情，这是关键。节情则心平，心平则身健。

他还指出，古人曾说过：“静者寿，躁者夭；静而不能养减寿，躁而能养延年；然静易，御躁难。”这是千真万确的。

沈仕很喜欢《文昭关》这出戏，他经常自拉自唱。伍员由于边关受阻，无法搬兵报仇，心急如焚。一夜之间，须发皆白。沈仕从中进一步悟出了养性的作用。

沈仕不仅有很深的道教学术造诣，在日常生活中他也是这样做的。他经常吟诗作画，以作消遣。他说，“思过伤脾”，要做到少思衣食，少思声色，少思胜负，不思得失，不思荣辱，心不劳神，可以养性修身。这也正应了道家祖传的养性修身的宗旨：“道不在烦，但能不思衣，不思食，不思声，不思色，不思胜，不思负，不思失，不思得，不思荣，不思辱，心不劳。”

一天，沈仕正在家中俯案作画，他的一位朋友来到了他的家中。沈仕一见到老朋友满脸委屈，身子由于生气都浑身抽动，欲哭强忍的样子，就知道他在朝中一定又受了严嵩一伙的气。一问缘由，果然如此。

于是，沈仕就劝他大哭出声。沈仕说，“悲过伤魂”，如心中悲痛，最好是发泄出来，哭是消悲、化郁、安神的良方。朋友听了他的劝告，放声大哭。沈仕一边任其放声大哭，一边向朋友讲养性修身的道理。朋友在他的帮助下，满肚子的委屈都倾吐了出来，事后悲消愁散，一点后患也没留。

## ◎故事感悟

和心少念静身，关键在节情。情不动，则心自然平。这也可谓是养性修身的关键。性是内在的，情是外在的，如果迷滞于外在的情，那就掌握不了自己的命运。外物本无邪正之别，心性受情的迷惑而有取舍，既不可有心迷醉于外物，亦不可苦求心中无物。这种辩证的节情养性观倒是值得我们提倡。

## ◎史海撷英

### 《文昭关》中的历史

《文昭关》取材于小说《列国演义》。该剧讲的是楚平王斩伍奢，又追捕其子伍员的故事。伍员逃出樊城，投奔吴国。楚平王在各处悬挂图像，缉拿伍员。伍员被阻昭关，幸遇隐士东皋公，将其藏在家中，一连数日，计无所出。伍员辗转反侧，不能成眠，一夜之间，须发皆白。东皋公见此情景，乃设计让友人皇甫讷假扮伍员出关，故意让官吏拿获，使伍员乘隙逃走。

## ◎文苑拾萃

### 村居春日

（明）沈仕

柳堰迷丹日，蓬扉启绿烟。
人间啼鸟外，兴剧落花前。
野色连三径，山光满四筵。
鹔鹴随可解，堪作酒家钱。

# 国医大师谈养性

◎养生，贵在养心。——谚语

徐景藩（1927— ），江苏省吴江市人。江苏省中医院主任中医师，南京中医药大学教授。首届国医大师称号获得者。1992年享受国务院特殊津贴，1993年被评为江苏省中医系统先进工作者，1995年获全国卫生系统先进工作者称号，1996年获全国白求恩奖章，2009年获全国“国医大师”终身荣誉。

徐景藩，1927年出生，江苏省中医院主任医师、教授，我国首届国医大师、全国老中医药专家学术经验继承工作指导老师，江苏省名中医。

1996年，因其在平凡的岗位上作出不平凡业绩，被授予白求恩奖章；2009年，徐老又以医术和人格魅力被评为全国首届国医大师。徐景藩虽已至耄耋之年，但依旧思维敏捷，行动自如，仍坚持在一线为患者服务，这得益于他“饮食有节、防怒戒满、愉悦为贵、劳逸适度、丝竹琴声、体育强身”的养生之道。

在谈到养生之道时，徐景藩认为，《黄帝内经》所言“饮食有节，起居有常，不妄劳作”即是养生保健之道。他自编自练松筋操、颈项操、呼吸操和眼保健操等，来达到强壮筋骨、抗老防衰的目的。他一贯主张饮食宜清淡，五味应适度，不要吃过饱，此外，还应注意劳逸结合。

人生天地之间，得天地之气而生，生病总是难免。徐景藩对付身体小病，就自己开点中药汤剂，少则1—2服，多则5—6服，总能药到病除。这既是源自他对中医药学的坚定信心，也是对自己医术的信心。

在注重饮食保健的同时，徐景藩还倡导心理保健。中医常说："怒伤肝，喜伤心，思伤脾，忧伤肺，恐伤肾。"情志的太过与不及，都可导致气血运行失常，脏腑功能失去平衡。徐景藩常说人生在世，要有一颗平常心，凡事要学会随缘二字，就可消除许多烦恼。

徐景藩不仅十分注重心理保健，作为脾胃病专家，他还有独特的养生"膏方"。随着现代人生活节奏的加快，亚健康人群越来越多。亚健康的主要症状是精力不济、头晕、腰酸、乏力等。徐景藩指出，出现这些症状，先要调脾胃。例如，膏方滋补就是人们传统进补的最佳方式。膏方是根据患者体质不同与病情的需要，选择单味或多味药物组成方剂，制成补膏，用以补养身体。

与此同时，徐景藩还注重读书养性。他认为读书是一件快乐的事情。特别对中医经典著作各家学术，他反复阅读，温故知新，其中乐趣，难以言表。他把"心无机事，案有好书"作为养生座右铭。他认为读书是天下最乐之事，终身受用无穷，学问日深，道理日新，愚者因之而贤，昧者因之而明，寒暑风雨，黄昏清晓，窗下安然面对古人，为莫大之乐。

除了读书临证，徐景藩空闲时喜欢泼墨挥毫，临摹名家法帖，曾经一气呵成完成王羲之的《兰亭集序》，字如行云流水，沉稳端庄。他认为书法为"纸上的太极、墨上的气功"，可陶冶人的性情，修心养性，排除心中的忧虑和烦恼，从书法艺术中汲取精神营养，是一种高尚的艺术享受。

由之可得出，正是徐景藩有着良好的养生之道，即使年逾八旬，仍工作在临床一线，坚持门诊和查房，以其丰富的临床经验和娴熟的技术服务于广大患者。

## ◎故事感悟

养生要掌握一个度，这个度不仅仅涵盖了心态的安宁与否，并且还涉及于饮食习惯、身体的锻炼以及身心的陶冶，即全面又不失尺度的限定。徐景藩以其实际行动为我们作出了表率，值得我们学习借鉴。

## ◎史海撷英

### 南京中医药大学

南京中医药大学始建于 1954年10月15日，初名江苏省中医进修学校，后经江苏省中医学校扩建为南京中医学院，1995年，经国家教育部批准正式更名为南京中医药大学，发展至今已历经了半个世纪的岁月洗礼，是全国建校最早的高等中医药院校之一。

## ◎文苑拾萃

### 兰亭序

（东晋）王羲之

永和九年，岁在癸丑，暮春之初，会于会稽山阴之兰亭，修禊事也。群贤毕至，少长咸集。此地有崇山峻岭，茂林修竹，又有清流激湍，映带左右，引以为流觞曲水，列坐其次。虽无丝竹管弦之盛，一觞一咏，亦足以畅叙幽情。

是日也，天朗气清，惠风和畅。仰观宇宙之大，俯察品类之盛，所以游目骋怀，足以极视听之娱，信可乐也。夫人之相与，俯仰一世。或取诸怀抱，悟言一室之内；或因寄所托，放浪形骸之外。虽趣舍万殊，静躁不同，当其欣于所遇，暂得于己，快然自足，曾不知老之将至；及其所之既倦，情随事迁，感慨系之矣。向之所欣，俯仰之间，已为陈迹，犹不能不以之兴怀，况修短随化，终期于尽！古人云："死生亦大矣"，岂不痛哉！每览昔人兴感之由，若合一契，未尝不临文嗟悼，不能喻之于怀。固知一死生为虚诞，齐彭殇为妄作。后之视今，亦犹今之视昔，悲夫！故列叙时人，录其所述，虽世殊事异，所以兴怀，其致一也。后之览者，亦将有感于斯文。

# 养生之道先养心

◎树怕剥皮，人怕伤心。——李悝

邓铁涛（1916—），广东省开平市人。我国中医学家，广州中医药大学终身教授，博士生导师，中华全国中医学会常务理事，全国名老中医，广东省名老中医，内科专家。2009年7月1日，93岁的邓铁涛教授被人力资源和社会保障部、卫生部、国家中医药管理局等国家三部委联合评定为“国医大师”并获证书，邓铁涛教授是广东唯一获此殊荣者。

邓铁涛，广州市中医药大学主任医师、教授。由于职业的缘故，邓老尤为注重养生。邓老将中医的养生保健思想运用于生活中，使阴平阳秘，精神恬淡，起居合宜，而达高寿。总而言之，我们可将邓老的养生秘诀分为以下三个层面。

其一，养心。

邓老认为，养生之道在于“养心”。心是一身之主，按中医理论，“心”既支配血脉的运行，还主持精神活动，是人体最重要的组织，称之为“君主”之器官。所以养生必先养心。

而要保养心神，邓老则指出首先要重视七情的调节。所谓七情，即喜、怒、忧、思、悲、恐、惊。作为致病因素的七情，是指这些情志过于强烈，引致脏腑气血逆乱而发病。人的欲望是无穷的，纵欲无度则有损健康，甚至化生百病。凡事要看得开，不要患得患失，要有“退一步海阔天空”的良好心态。而积极、正确的欲望对养生同样是必不可少的。特别是为人类事业发展而生的欲望，乃为欲望之大者，为浩然正气，对养生具莫大的好处。所以说，把握好欲望的大小关系，舍小欲、私欲而怀苍生之念;做好“求”与“放”的平衡，入世却宠辱不惊，正是养心正道之所在。

其二，注重适度运动。

邓老认为，运动是养生的重要组成部分，汉代华佗在论五禽戏时指出：“人体欲得劳动，但不当使极耳。动摇则谷气销，血脉流通，病不得生。”“不当使极”，即言适量而不为过，过则于养生不利。运动种类可分外功与内功。体操、跑步、外家拳术之类，重在使用外劲，当属外功；五禽戏、太极拳、八段锦之类则属内功。举凡中老年人不宜行快跑、网球等剧烈运动，以其刚也，刚则耗气。而内功用意不用力，以意为主，以意为引，以气运肢体，不偏不倚，不会伤气耗血。太极拳、八段锦，都是中医保健养生学的精华。八段锦作为我国古代导引术，其健身效果显著，是中华传统养生文化中的瑰宝。邓老指出他每天都坚持做八段锦，不但运动了筋骨，而且起到了调理脏腑功能的作用。

与之同时，中老年人还可选择每天散步30分钟，医学上也称之为“医疗步行”。60岁以上的人，每天散步两次，每次30—40分钟，对身体是非常有好处的。每天午饭前邓老都会围绕附近楼房悠闲地散步10圈。而运动不单是体力的，也包括脑力“运动”，读书、看报纸，使脑筋“运动”；思考问题、写文章，脑部也可以“运动”。老年人不妨坚持写写日记，可以起到延缓健忘的作用，对预防老年痴呆是大有裨益的。

其三，药食同源以平调阴阳。

饮食要有节度，过分的肥甘厚味，或过饥过饱，食无定时，都会伤及脾胃，脾胃一伤，则诸病丛生。脾胃是人的后天之本，营养物质的消化吸收，气血的化生，有赖脾胃的运化功能，故有“脾胃为气血生化之源”之说。许多高龄老人的饮食习惯证明，饮食清淡、适时适量是重要因素。邓老一周有两餐吃粥、馒头；一餐吃南瓜、番薯，既清淡又润肠，可谓一箭双雕。

人体日常状态都有其偏态，绝对的“阴平阳秘”非人之常态，阴阳的轻度失衡在亚健康状态最为常见。

因此，可以药食之性味纠正人体之失衡。邓老偶尔会炖服中药，如人参10克、陈皮1克，补益而不腻，是岭南地区很好的保健品，还可加田七片5—10克，起到活血通脉之功。邓老还喜喝茶，养成了清晨在家喝茶的习惯。在解释“茶”字之意时，邓老说“茶”字拆分开来是二十加八十八，就是108，喝茶可以使人寿命超过“茶”数。

## ◎故事感悟

邓老的经验告诉我们养生要从养心开始，由此可见一个良好的心理状态是何其的重要。而运动和饮食也是与之相辅相成的。可以说，邓老这种“由内而外”的养生法给予了人们更多更好的养生方式新选择，值得我们学习借鉴。

## ◎史海撷英

### 广州中医药大学

广州中医药大学原成立于1956年，是当时我国最早的4所中医院校之一，它的建校基础是成立于1924年的广东中医药专门学校。前辈们以“上医医国，先觉觉民”为己任，在民国成立初期，自行筹款兴办了学校。1933年，在学校对面建了附属广东中医院，供教师临床及学生实习之用。抗战时期，学校流离失所，先后在香港、韶关办学，曾经停办，后又复校。1940年更名为广东中医药专科学校。20世纪60年代初期，学校建设初步完善，医、教、研同步发展。

1978年，该校开始招收研究生，是全国最早招收研究生的高等学校之一。2004年，该校主体进入大学城。2005年，该校首次承担“973”计划项目，邓铁涛教授出任首席科学家。

2005年，根据教育部、财政部《211部协办2005（6）号》文件精神，自2005年9月8日起，增补广州中医药大学等12所高校列入国家正式“211工程”建设行列，进行重点建设，资金来源遵照以往相关文件执行。

ZHONGHUACHUANTONGMEIDEBAIZIJING

中华传统美德百字经

养·修性养身

# 第四篇

## 养生长寿的典范

# 荀子的养生主张

◎养生在动，养心在静；知足常乐，无求常安。——陈立夫

荀子（约公元前313—前238年），名况，字卿，因避西汉宣帝刘询讳，因“荀”与“孙”二字古音相通，故又称孙卿。汉族，周朝战国末期赵国猗氏（今山西安泽）人。著名思想家、文学家、政治家，儒家代表人物之一，时人尊称“荀卿”。曾三次出任齐国稷下学宫的祭酒，后为楚兰陵（今山东兰陵）令。荀子对儒家思想有所发展，提倡性恶论，常被与孟子的性善论比较。对重整儒家典籍也有相当的贡献。

战国末期，封建社会已逐渐形成，荀子站在新兴地主阶级的立场上维护新兴的封建制度。他的思想反映了当时新兴地主阶级在政治经济上统一的要求。荀子是战国末期儒家最后的一位大师。他批判性地继承了孔子以来儒家的思想传统，又批判地吸取了道、法、墨各家学说，成为先秦时期集诸子百家之大成的古代唯物主义思想家和教育家。他遗留下来的著作经后人整理成《荀子》一书，共20卷，32篇。

在荀子现存的著作中，除涉及哲学、政治、经济、军事、教育和美学领域外，也涉及养生领域。他不算是一个养生家，但有些养生主张对后世影响很大。

荀子养生思想比较丰富，归纳起来，其最大的特点是主张在“养”的基础上要“动”。他说：“养备而动时，则天不能病，……养略而动罕，则天不能使之全。”（《荀子·天论》）荀子所说的“养”，指的是人类得以生存所需要的一切物质，包括衣、食、日光、空气、水、居住设备等。“备”是齐全的

意思。“养备”，即尽可能地利用自然界具有的为人类生存所需要的一切；“动时”，就是经常活动身躯。在荀子看来，一个人如果在饮食、起居等生活方面注意调养，并且经常进行身体活动，就不会得病。反之，就不能有健康的身体。

可以说，荀子的这种“动以养生”的主张，既继承了当时社会上流行的、后来被写进《黄帝内经》中的养生方法，如“饮食有节、起居有常、不妄作劳”等，也概括了当时社会上一些“导引之士”、“养形之人”所实行的养生方法，包括“吹嘘呼吸，吐故纳新、熊经鸟申”等。实践也证明，荀子的这种动养结合的养生主张是十分正确的，是中国古代养生理论宝库中的精华，为后来的养生家所继承和发展。

荀子主张凡养生的人要“重己役物”。“重己役物”的意思就是看重自己而役使外物。这是荀子针对一些人“以己为物役矣”，即自己被物质欲望所奴役而说的。荀子说这话的意思，是要人们正确对待人的欲望，不要因纵欲而危害身体、败坏德行，最后成为一个“虽封侯称君，其与夫盗无以异”的人，其意思是虽封为诸侯，称为国君，但仍然和盗贼没有什么区别。荀子看到，“外重物而不内忧者，无之有也”，即拼命追求物质欲望的人，内心没有不忧虑的；成天忧心忡忡，肯定会影响健康。

在某种意义上讲，荀子“重己役物”的主张，虽然重在安邦治国，维护新兴地主阶级的封建统治，但在养生领域，它仍然不失为“养身”、“全生”、“尽年”的方法之一。

荀子重视养生，首先是由于他“贵生”，对“生”表现了强烈的追求与向往。荀子“贵生”，反映了新兴地主阶级对未来生活的憧憬，以及对统一大业必将取得最终胜利的坚定信念。荀子“贵生”，但不贪生、偷生，必要时可以舍生忘死。这在兼并战争方兴未艾、新兴地主阶级正为统一全国而征战不休的战国时期是积极的。

荀子养生主张的形成，是与他具有的“制天命而用之”的唯物主义的自然天道观分不开的。荀子认为，天是无意志的自然物，它有着自己的运行规律："天行有常，不为尧存，不为桀亡。"人的吉、凶、祸、福、病、痊、贫、富，全在人为而非天所决定。他否定天命，主张"明天人之分"和"制天命而用之"。这种用人事来代替天意，用人力与自然界作斗争，并使天地万物都为人所征服、所利用的"人定胜天"的思想，不但为当时的新兴地主阶级在确立和巩固封建专制统治提供了思想武器，而且为他自己的养生主张提供了坚实的哲学基础。

荀子"制天命而用之"的人定胜天的思想，导致了他对人、对人的能力、人的健康的高度重视；而人们通过"养备而动时"，赢得了健康的身体，聪敏的能力，为人们征服和改造自然提供了条件，进而又证明了"制天命而用之"的人定胜天思想的无比正确。荀子的养生主张之所以对后世影响很大，其道理就在于他从唯物主义思想出发，认识养生问题。

## ◎故事感悟

荀子的养生主张概括起来便是"由内而外"。内指的是身心，即修身养性，改变人的思维方式，使"顺应天意"到"人定胜天"；外则指锻炼身体，饮食搭配。荀子的养生思想从唯物主义思想出发，对当时的人们而言是极其具有指导意义的。时至今日，其养生经验仍值得后人学习借鉴。

## ◎史海撷英

### 墨家

墨家，中国古代主要哲学派别之一，约产生于战国时期。创始人为墨翟。墨家是一个纪律严密的学术团体，其首领称"矩子"，其成员到各国为官必须推行墨家主张，所得俸禄亦须向团体奉献。墨家学派有前后期之分，前期思想主要涉及社会政治、伦理及认识论问题；后期墨家在逻辑学方面有重要贡献。

## ◎文苑拾萃

### 美学

美学是一门从人对现实的审美关系出发，以艺术作为主要对象，研究美、丑、崇高等审美范畴和人的审美意识、美感经验以及美的创造、发展及其规律的科学。美学是哲学的一个分支，研究的主要对象是艺术，但不研究艺术中的具体表现问题，而是研究艺术中的哲学问题，所以被称为“美的艺术的哲学”。美学的基本问题有美的本质、审美意识同审美对象的关系等。

# 孔子的养生有道

◎养生之道，常欲小劳，但莫大疲及强所不能堪耳。且流水不腐，户枢不蠹，以其运动故也。——孙思邈

孔子（公元前551—前479年），字仲尼，春秋时期鲁国人。我国古代伟大的思想家和教育家，儒家学派创始人，世界最著名的文化名人之一。编撰了我国第一部编年体史书《春秋》。

两千多年来，人们对孔子的评说褒贬不一，众说纷纭。由于原因复杂姑且不论，但在历史上人们曾把孔子的肖像表现为一个干瘦的老头，这不符合历史事实。相反，孔子是一位身材魁梧，身心健康的人。在医学落后，物质条件匮乏的春秋战乱时期，人的寿命比较短，而孔子却能在坎坷的人生中度过73个春秋，这不能不说与孔子注重养生健身有直接关系。仅从辑录孔子一生言行的《论语》中也可以看出，他是一位养生有道的人物。孔子的养生术可以用16个字概括，即：精神豁达，知足不贪，食居慎节，志趣广泛。

一次有人问孔子的学生子路："你们的老师为人如何？"当时子路不知怎样回答。后来孔子知道了这件事，他对学生们说："我的为人是：发愤忘食，乐以忘忧，不知老之将至云尔。"可见由于孔子对事业执著的追求和他对所从事事业发生的浓厚兴趣，使他把自己日渐衰老都忘记了。他不仅自己这样做，还经常教育他的学生要养成开朗的习性，告诫弟子要"君子坦荡荡"、"不忧不惧，不怨不怒"，这样才有益于身心健康。

孔子在个人修养上时时以“修己”、“克己”为原则来约束自己，从不放纵个人的欲望。他指出人生少、壮、老三个生理阶段的三戒。“少之时，血气未足，戒之在色；及其壮也，血气方刚，戒之在斗；及其老也，血气既衰，戒之在得。”意思是说，青少年时，正处在长身体、长知识的时期，不要贪恋姿色；到了壮年，虽然身心各方面都比较成熟，但不要因此好胜喜斗，应平心静气，宽和待人；而到了老年，则不要有更多更高的奢望或非分要求，不要追名逐利，应安度晚年。这样才有益于健康长寿。

孔子的饮食原则是：“食不厌精，脍不厌细”，“食无求饱”。他还说过：“饭蔬食饮水，曲肱而忱之，乐亦在其中矣。”总之，他的主张是：霉不食，腐不进，吃粗粮，喝白水，不暴饮暴食。

孔子很注意起居饮食卫生。刘向在《说苑》中有这样的记载：鲁哀公问于孔子曰：“有智者寿乎？”孔子曰：“然，人有三命而非命也者，人自取之。夫寝处不时，饮食不节，佚劳过度者，疾共杀之。”在这里，孔子从反面给人们提出了长寿的三条经验：一是要寝处有时，即按时作息；二是要饮食有节，即节制饮食，不要吃得过饱；三是要佚劳适度，即应注意劳逸结合。在《论语·乡党》中，孔子谈了许多饮食卫生，例如：“食饐而餲（粮食坏了有臭味）、鱼馁肉败（鱼肉腐烂）不食。色恶，不食。臭恶，不食。失饪（烹调不当），不食。不时（不到该吃饭的时候），不食”。“肉虽多，不使胜食气（吃得不过量）。唯酒无量，不及乱（不要喝醉）。”“食不语”。“席不正，不坐”。

孔子在讲饮食卫生的同时，也谈到睡眠卫生，“寝不言”，“寝不尸”，即不要直躺。孔子自己是这样做的，也严格要求学生这样去做。他对不能按时作息的学生，常常给予严厉的批评。

当然，孔子注意体育和起居饮食等，往往是以“仁”、“礼”为准绳，反对非仁非礼的体育活动，强调“文质彬彬”。这也是孔子体育观的一个显著特征。

孔子一生学识渊博，志趣广泛。他除了从事教育活动之外，还积极提倡并亲自参加各种健身体育活动。他精通诗书礼乐，喜欢吹拉弹唱、游泳、登山、打猎、垂钓、驾车等。孔子的学生们在评价孔子时说："仰之弥高，钻之弥坚。""固天纵之将圣，又多能也。"孔子自己也说："志在道，据于德，依于仁，游于艺。"志趣广泛既能锻炼身体，又能陶冶情操。

◎故事感悟

养生核心在于修身养性，做到"心外无物"。一个人心胸开阔，烦恼必然不会侵扰身心。"君子坦荡荡，小人常戚戚"，一个恬静的心态胜过灵丹妙药。当然身体的能量供应与必要的锻炼也应有条不紊。孔子作为千古教育名家，为后人在养生领域作出了榜样。

◎史海撷英

### 儒家学派

儒家学派是先秦诸子中对后世影响最为广泛和深远的一个学派，由春秋末孔丘首创。孔子的言论经门人整理为《论语》，是研究孔子思想的主要依据。儒家学说以"仁"为中心，提倡"祖述尧舜，宪章文武"，崇尚"礼乐"、"仁义"，倡导"忠恕"和不偏不倚的"中庸"之道。

孔子死后，儒家分为八派：有子张之儒、子思之儒、颜氏之儒、孟氏之儒、漆雕氏之儒、仲良氏之儒、孙氏之儒、乐正氏之儒。汉武帝采纳董仲舒"罢黜百家，独尊儒术"的建议后，儒家从此就成为中国封建统治思想的正宗。在魏晋，有王弼、何晏以老庄思想解释儒经的玄学；在唐代，有韩愈为排佛而倡导的儒家"道统"说；在宋明，有兼取佛道思想的程朱派的理学和陆王派的心学；清代前期有汉学、宋学之争；"五四"运动前后，儒家学说随着封建社会的没落而日渐丧失其作为正统思想的地位。

## ◎文苑拾萃

### 奉和圣制经孔子旧宅

（唐）张九龄

孔门太山下，不见登封时。
徒有先王法，今为明主思。
恩加万乘幸，礼致一牢祠。
旧宅千年外，光华空在兹。

# 孙思邈的贵己养生术

◎劳逸结合，动静结合，养炼结合康乐寿。——庄严林

孙思邈（581—682年），唐代著名道士，医药学家。被人称为“药王”。京兆华原（今陕西耀县）人。幼聪颖好学，自谓“幼遭风冷，屡造医门，汤药之资，罄尽家产”。及长，通老、庄及百家之说，兼好佛典。年十八立志究医，“颇觉有悟，是以亲邻中外有疾厄者，多所济益”。

孙思邈幼年时体弱多病，深知病魔缠身的痛苦。因此，他从小立志学医，做一个治病救命的好医生。特别是当他看到许多穷苦的老百姓生了病没有钱医治，只好悲惨地死去时，加上自己的切身体会，心中更产生一个念头：“救活一条人命是多么重要啊！人的生命真是比黄金还要贵重。黄金用钱能买到，可是人的生命是花多少钱也买不到的。”他暗暗下决心，要认真学习医术，当个医生，去抢救成千上万的病人。

据《大唐新语》介绍，孙思邈“七岁就学，日诵千言，及长，善谈庄、老、百家之说”。看来，他是一个聪颖好学、学识渊博的人。隋文帝杨坚、唐太宗李世民、唐高宗李治，都曾经授予他官职，但都被他一一谢绝，甘愿在乡里行医，为人民解除疾苦。他总结了唐以前的临床经验和医学理论，收集方药，于652年写成《备急千金要方》30卷，另一部书是他100岁时写成的《千金翼方》30卷。这两部书简称《千金方》，为什么叫《千金方》呢？他在《千金要方·序》中说：取名《千金方》，包含着“人命至重，有贵千金，一

方济之，德逾于此。”反映了他认真负责的高尚医德以及他在书中所收5300多个方剂的实用价值。后人为了纪念这位医道精湛、医德高尚的民间医生，把他尊称为“药王”，把他生前隐居和经常采药的五台山称之为“药王山”，并在那里建有“药王庙”。

医学与养生学是密不可分的，大医学家孙思邈对养生学也颇有研究。他在《千金方》、《福禄论》、《摄生真录》、《摄养枕中方》等书中，记载了不少养生理论和养生方法。他崇奉道教，继承了不少道家的养生方法，但他毕竟是一个医学家，懂得人要适时而动，以调和荣卫，舒畅血脉，所以他说：“养生之道，常欲小劳，但莫大疲及强所不能堪耳。且流水不腐，户枢不蠹，以运动故也。”孙思邈的这些话，显然是古代“动以养生”思想的继承。它包含有两个意思：一是人体要经常活动，二是活动不要过量，要量力而行。孙思邈讲“劳”，不是某些人所理解的专指田间劳动，而是包括按摩、散步、动摇四肢在内的身体活动。这些身体活动的目的，是为了健身治病，而不是为了别的。

孙思邈说：“食毕摩腹，能除百病。食毕行步踟蹰，则长生。”这是孙思邈开的一张“运动处方”，指出了饭后行步、摩腹，有助于祛病健身。

饭后行步、摩腹，是孙思邈对古人饮食养生方法的一个发展。早在春秋战国时期，古人就把“食饮有节”与“法于阴阳，和于术数，起层有常，不妄作劳”一同看成是“尽终其天年，度百岁乃去”的方法。东晋的葛洪在“食饮有节”的基础上提出了“饱食即卧，伤也”的见解，认为饭后马上躺卧，容易伤害身体。

南朝时期的陶弘景更明确地指出：“养生之道，不欲饱食即卧”。“不欲饱食即卧”，那么，饱食后该怎么办呢？没有人说。孙思邈根据他的体会，提出了饭后要行步、摩腹的主张。这比单纯强调“食饮有节”或消极地警告“不欲饱食即卧”，显然是一个进步。这个进步，表现在突出地强调了一个“动”字。饭后摩腹、行步，有助于加强肠胃蠕动，有助于消化液分泌，从而使食物得到充分消化和吸收，增强机体营养物质，提高人体抗病能力，达到祛病延年的目的。

饭后摩腹、行步，是一种简便易行，但又常被人们所忽视的健身方法，孙思邈把这种方法与其他方剂列入传世的《千金方》之中，足见他对这一养生方法的重视。后世流传的“饭后百步走，活到九十九”这句卫生谚语，就是对孙思邈这一养生方法的高度概括。

除此之外，孙思邈对古代的“导引术”也很重视。他在《备急千金方》中，收入了“老子按摩法四十九势”和“天竺婆罗门按摩法十八势”，取名“天竺婆罗门按摩法”，可能吸取了古印度的导引方法。据孙思邈书中说：“依此行三遍者，一月后除百病，行及奔马，补益延年，能食，眼明，轻健，不复疲乏。”真是有病治病、无病健身的好办法。

中国有句古话叫“人生七十古来稀”，意思是说，自古以来，能活到70岁以上的人是不多的。

孙思邈从小多病、体弱，却活了101岁，到682年才去世。这与他从小注重锻炼、多活动和重视保养身体有直接关系。

孙思邈既勤于锻炼，又讲究卫生。他提出要人们养成讲卫生的好习惯，劝人不要随地吐痰，不要把头蒙在被窝里睡觉；要按时吃饭，不要吃得过饱；还要细嚼慢咽，吃饭以后要漱口。他每天都做气功，锻炼身体，常到野外采药，呼吸新鲜空气。

因此，他20岁以后，身体由弱变强，面色红润，精力充沛。到100岁时还能著书立说，完成了《千金翼方》这部巨著，对他70岁写成的《千金要方》进行补充和修正。

他在书中将多年的养生经验，结合医学理论，编成了歌诀，广为流传，如“卫生歌”、“枕中记”、“养生铭”等。歌铭中有“清晨一盘粥，夜饭莫教足”，意思是早晨宜吃粥，晚饭莫过饱；“食饱行百步，常以手摸腹”，意思是饭后要做适当的活动，并以手轻揉腹部；“撞动景阳钟，叩齿三十六”，意思是晨起做叩齿运动，可健齿生津；“大寒与大热，切莫贪色欲”，即过寒、过热的天气莫同房；“坐卧不当风，频于暖处浴”，即不迎风坐卧，勤洗热水浴；“再三防夜醉，第一戒神嗔”，即千万不要醉酒，最重要的是避免发怒；“安神宜悦呆，惜气保和纯”，即保持乐观情绪，珍惜精气；“寿夭休论命，修行在个人”，即不要认为人的寿命长短是命中注定的，而在于每个人自己是否善于调节养生。

## ◎故事感悟

孙思邈从医学的理论和临床经验出发，研究养生之道，特别是他集古人养生之大成，并在此基础上加以发展，使之系统化，这在人类历史上是不多见的。他不愧为中国古代养生专家，他能活到101岁，也足以证明他的养生之道是科学的，值得后人学习借鉴。

## ◎史海撷英

### 孙思邈注重医德

孙思邈一生非常注重医学道德的修养，在他的《千金要方》一书中，首列“大医习业”与“大医精诚”二篇，这是我国最早的较为完整的医德文献专论，是高尚的医德与高超的医技两相结合的医德规范。他指出：“凡大医治病，必当安神定志，无欲无求，先发大慈恻隐之心，誓愿普救含灵之苦”。他的这种浓厚而朴素的救死扶伤的人道主义精神，不论在当时，还是现在，都是值得学习和提倡的。

## ◎文苑拾萃

### 《备急千金要方》

这是一本综合性临床医著，孙思邈编著。孙思邈认为生命的价值贵于千金，而一个处方能救人于危殆，价值更当胜于此，因而用《千金要方》作为书名，简

称《千金方》。该书原为30卷。明代后有按《道藏》经义析为93卷者，内容同。卷1医学总论及本草、制药等；卷2—4妇科病；卷5儿科病；卷6七窍病；卷7—10诸风、脚气、伤寒；卷11—20系按脏腑顺序排列的一些内科杂病；卷21消渴、淋闭等症；卷22疔肿痈疽；卷23痔漏；卷24解毒并杂治；卷25备急诸术；卷26—27食治并养性；卷28平脉；卷29—30针灸孔穴主治。总计233门，合方论5300首。书中所载医论、医方较系统地总结了自《内经》以后至唐初的医学成就，是一部科学价值较高的著作。1949年后有影印本。

# 庄子的养生之道

◎习闲成懒，习懒成病。——颜之推

庄子（约公元前369—前286年），名周，字子休（一说子沐）。战国时期宋国蒙（今山东曹县人，也有说是河南省商丘市东北民权县，安徽亳州）人。著名的思想家、哲学家、文学家，是道家学派的代表人物，老子哲学思想的继承者和发展者，先秦庄子学派的创始人。曾作过漆园吏。生活贫穷困顿，却鄙弃荣华富贵、权势名利，力图在乱世保持独立的人格，追求逍遥无待的精神自由。其名篇有《逍遥游》、《齐物论》、《养生主》等。

战国时，庄子撰写的《养生主》是一篇讨论养生问题的文章，“主”有“要领”之意，“养生主”就是养生的要领。读者或许要问，该篇到底讨论了庄子哪些养生的要领呢？

其一是忘却情感。该篇在强调顺应自然的基础上又进一步劝告人们要忘掉情感。对此，它是以人们“吊唁老聃之死”而展开议论的。老聃死，“有老者哭之，如哭其子；少者哭之，如哭其母。彼其所以会之，必有不蕲言而言，不蕲哭而哭者。是遁天倍情，忘其所受，古者谓之遁天之刑。适来，夫子时也；适去，夫子顺也。安时而处顺，哀乐不能入也，古者谓是帝之县（悬）解。”

大意是说，老聃死后，为什么会有那么多人聚在一起来哭丧呢？这是由于他们把生死看得太重，从而情不自禁地对死者哭诉起来。事实上，生与死都是很自然的事，生是应时，死是偶然，有什么值得悲哀的呢？人们应当认识到，喜生悲死是违反常理的，只要安于天理和常分，顺应自然和变化，解脱生老病死的苦乐，那么哀伤或欢乐就不会进入人们的心怀了。

其二是顺应自然。该篇开门见山即写道："吾生也有涯，而知也无涯，以有涯随无涯，殆已；已而为知者，殆而已矣！……缘督以为经，可以保身，可以全生，可以养亲，可以尽年。"前半段的表层意思是，人们的生命是有限的，但知识的海洋却浩瀚无边，用自己有限的生命去追求无限的知识，是危险的。既然如此，还要不停地去追求，那就会陷入更加危险的境地而难以自拔。

这其实是在告诉人们，不要过分积极地追求身外之物，它不仅是难以如愿以偿，而且会摧残身心健康。所以，人们应当听从庄子的告诫："缘督以为经。"意思是说，人们必须顺应自然的"中道"以处理人与外物的关系，不要拼命追求外物。紧接着他所讲的庖丁解牛的寓言故事也含有顺应自然之意，要求人们做任何事都要摸索事物的规律，以避开是非与矛盾的纠缠，因而"故事"的结尾说："善哉！吾闻庖丁之言，得养生焉。"只要人们能顺应自然"依乎天理"，就一定"可以保身，可以全生"，可以养心，"可以尽年"。

其三是不为物累，就是不要因贪欲而损害自己。这里的"物"所指范围是广泛的，可用名与利来加以概括。一个不为名利所羁绊的人，他就会获得健康而永葆青春。前述顺应自然与忘却情感两条养生要领，实质上也含有不为物累的意思，且三者是相辅相成的。应当指出，庄子的上述三条养生要领，对保持身心健康虽有一定的借鉴意义，但由于它以老庄道家的"出世"哲学思想为指导，因而具有明显的消极性质。

## ◎故事感悟

儒家的规矩严整与佛家的禁欲严峻之间，道家给中国的知识分子提供了一块可以自由呼吸的空间，它是率性的，是顺应自然的，而反对人为的束缚的，它在保全自由"生命"的过程中，竭尽了自己最大的心力。庄子独辟蹊径谈养生，在养生领域有独到见解，其经验是值得后人揣摩学习的。

## ◎史海撷英

### 庄子另眼看潦倒

《庄子·山木》记载：一次，庄子身穿粗布补丁衣服，脚着草绳系住的破鞋，去拜访魏王。魏王见了他，说："先生怎如此潦倒啊？"庄子纠正道："是贫穷，不是潦倒。士有道德而不能体现，才是潦倒；衣破鞋烂，是贫穷，不是潦倒，此所谓生不逢时也！大王您难道没见过那腾跃的猿猴吗？如在高大的楠木、樟树上，它们则攀缘其枝而往来其上，逍遥自在，即使善射的后羿、蓬蒙在世，也无可奈何。可要是在荆棘丛中，它们则只能危行侧视，怵惧而过了，这并非其筋骨变得僵硬不柔灵了，乃是处势不便，未足以逞其能也。现在我处在昏君乱相之间而欲不潦倒，怎么可能呢？"

## ◎文苑拾萃

### 庄子钓鱼台

庄子钓鱼台位于今山东省菏泽市临濮乡庄子庙村北 500 米左右。该台为全国十大著名钓鱼台之一且排行第二，仅次于北京国宾馆钓鱼台，是鄄城的八大景点之一。相传战国时期，道家学派创始人庄周曾垂钓于此，故称"庄子钓鱼台"，简称"钓鱼台"。后人曾在钓鱼台上建庙以祀庄子，其村亦以此名为庄子庙。台上旧有观。唐玄宗天宝元年（742 年）封庄子为南华真人，故改为南华观，《庄子》一书改名为《南华真经》。后因黄河决口，该台渐被淹没，清末时尚有四亩许一方高地，后被淤为平地，仅存遗址。

1985 年后，鄄城县政府、临濮乡政府和菏泽市白虎乡政府积极着手规划修复庄子钓鱼台。在当地群众的大力支持下，已恢复修建了南华观，占地 20 余亩。主体建筑涤园大殿 5 间，为庑殿式仿古建筑，内塑庄周雕像，正中墙壁绘制太极八卦图，雄伟壮观。

# 老舍习武强身

◎人欲劳于形，百病不能成。——《保生铭》

老舍（1899—1966年），原名舒庆春，字舍予，中国现代小说家、文学家、戏剧家。老舍的一生，总是在忘我地工作，他是文艺界当之无愧的“劳动模范”，发表了大量影响后人的文学作品，获得“人民艺术家”的称号。老舍的代表作品有《骆驼祥子》、《四世同堂》等。

20世纪20年代至抗战前，我国著名作家老舍历任英国伦敦大学东方学院教员、齐鲁大学和山东大学教授，并从事创作。抗战期间主持中华全国文艺界抗敌协会，为团结和组织广大文艺工作者参加抗日宣传作出了积极的贡献。抗战胜利后，在美国讲学并进行创作。新中国成立后应召回国。曾任政务院文教委员会委员、历届全国人民代表大会代表、中国文联副主席、中国作家协会副主席、北京市文联主席等职。

老舍一生著述甚丰富，新中国成立前创作的《骆驼祥子》等，对旧社会进行了揭露和批判。新中国成立后，先后创作了话剧《龙须沟》、《春华秋实》、《茶馆》，小说《无名高地有了名》和其他各种形式的文艺作品，歌颂新社会，语言生动、幽默，被誉为“人民艺术家”。

老舍一生的作品是丰富多彩的，在紧张的创作和担任多种职务的繁忙工作之余，老舍还很注意养生健身。

老舍家境贫寒，自幼身体不壮，22岁那年，一场大病几乎要了他的命。经过多方治疗，他病好之后，深知锻炼身体的重要性，痛定思痛，不敢松懈，加紧锻炼，强健身体。从此，他就和打拳结下了不解之缘。

最早，他是从练剑术开始的。经过一段时间的练习，老舍的剑术大有长进，不仅会舞剑，而且舞得颇有心得，居然编写了一本《舞剑图》。说来也怪，老舍的第一本专著居然是武术专著。他的这本武术专著，是在他的练武实践中有感而发。他既需要这方面的知识，也把自己通过习武强壮了身体的体会介绍给更多的人，以此推动健身术的普及，这大概是他著《舞剑图》的目的所在。

1930年，老舍先生由英国转道新加坡回到北京。有一天，《学生画报》记者陈逸飞先生去看望他，一到他的住所，就见老舍一个人正在屋里跳一种奇怪的舞蹈，一会儿学燕飞，一会儿学小动物淋雨后抖落身上水的样子，浑身乱颤。陈先生站在一旁感到他练的拳有点怪，从来未见有人练这种拳，于是上前问老舍："你练的叫哪路活？"老舍答："这是昆仑六合拳。"并且解释说，六合拳流派很多，常见的有峨嵋六合拳，还有外家拳和内家拳之分。老舍自己练的是内家拳，专重气功。陈先生问老舍："练这种拳有什么用？"老舍先生说："不仅能健身，还可以防身。"陈先生说他不信，趁老舍没有防备，冷不丁一拳直冲老舍胸口打过去，只见老舍略一收胸，陈先生的拳头落了空。老舍就势将陈先生的胳膊一拨，陈先生顿时觉得胳膊像触电一样，浑身麻酥酥的。这时，陈先生才信服刚才老舍所说的那番话是实话，昆仑六合拳的确具有防身作用。

1933年4月，老舍先生突然患背痛病，痛得很厉害，请了几位大夫医治都无效。老舍从这开始下决心加强锻炼，这种锻炼并不是一般的活动活动身体，他根据自己过去练拳的初步体会，决定进一步请高师，通过练拳来医治自己的病。于是他便拜济南的著名拳手为师，开始系统习武。武术和狗皮膏药的夹攻果然奏效。从此，老舍不间断地练习拳术，用以强身健体。

病后更知锻炼的重要，老舍先生自从生病之后，也更加刻苦习武。他先后学了少林拳、太极拳、五行棍、太极棍、黏手等等，并购置了刀枪剑戟。1934年，老舍迁居青岛，在黄县租了套房子，房前宽敞的院子成了他练拳的场地。通往客厅的小前厅里有一副架子，上面十八般兵器一字排开。这一时期的老舍，虽然身体还算不上很健壮，但无大的毛病，精力还算比较旺盛，他的《骆驼祥子》这一优秀作品就是在这时创作的。

1935年春节前夕，老舍在山东大学的辞旧迎新晚会上，居然当众献艺，来了个单人武术表演，表演得很精彩，在场的人感到很惊奇，没想到一个作家还能有这样好的武功，个个赞不绝口。

抗日战争爆发后，老舍那些心爱的兵器都丢在了青岛，但太极拳始终没有扔，走到哪里打到哪里。

1949年，对老舍来说，既是个大灾年，也是个大喜年。说灾，是他身体出了大毛病；说喜，他终于回到了老家北京。在纽约期间的一个夏日里，老舍正打着太极拳，不知什么原因他的腿忽然抬不起来了，经医生检查后诊断是坐骨神经炎，需要立即住院进行手术治疗。这一刀中断了老舍长达15年的练拳史。从此，他走路离不开手杖。手术后刚能行动，便启程回国，年底回到北京。

太极拳打不成，老舍便到中山公园学习太极气功，学得仍然是那么认真、刻苦。

熟悉老舍的人都知道，他虽然非常爱好拳术，但他很少与他人谈及此事，只是偶遇懂行的人才深谈，而且津津乐道。有时口头谈着，手头还比划着，一些懂拳术的人都愿意同他接触，也很尊敬他，敬佩他文武双全。

1965年，老舍访问日本时，遇到一位叫城山三郎的日本作家，在同他谈创作问题时，不知道怎么就扯到了武术，谈得非常投机。从谈话过程中，城山才知道老舍精于拳术，城山先生对此很感兴趣，提出要和老舍比试比试。城山心想：你一个作家，不会有多高的武功，就让老舍先出手。老舍先生猛击一掌，将城山打了一个趔趄。城山反倒高兴地大叫："真有功夫呀！"老舍会武功的事，一时在日本文学界传为美谈。

1966年，老舍先生逝世后，城山先生在悼念文章中，还提到了这场"比武"。

## ◎故事感悟

老舍迷恋拳术，并将之列为一项养生延寿的项目持之以恒，取得良好成效，也成为后人的美谈。老舍先生一生在为养生延寿而孜孜不倦地奋进着，为后人留下了丰富的保健经验，值得我们学习。

## ◎史海撷英

### 中山公园

中山公园位于今北京天安门西侧，面积22余公顷。原为辽、金时的兴国寺，元代改名万寿兴国寺。明成祖朱棣兴建北京宫殿时，按照“左祖右社”的制度，改建为社稷坛。这里是明、清皇帝祭祀土地神和五谷神的地方。1914年政府将之辟为中央公园。为纪念孙中山先生，1928年由冯玉祥部下时任北平特别市长的何其巩等爱国人士改名为中山公园。

## ◎文苑拾萃

### 老舍茶馆

老舍茶馆是以人民艺术家老舍先生及其名剧命名的茶馆。位于今北京前门，始建于1988年，现有营业面积2600多平方米，是集书茶馆、餐茶馆、茶艺馆与一体的多功能综合性大茶馆。

该茶馆内部的装饰格调以传统的中式装饰为主，颜色较深，宫灯、红木桌椅及舞台古色古香，营业面积及茶桌数都有相当规模，在这里可以饮茶也可以点菜，还有烤鸭供应，提供的服务品种较齐。老舍茶馆另外一个特色就是佛教的色彩较浓，进门及各层平台均有佛像供奉。

自开业以来，老舍茶馆接待了47位外国元首、众多社会名流和200多万中外游客，成为展示民族文化精品的特色“窗口”和连接国内外友谊的“桥梁”。

# 百岁名中医韩百灵的养生之道

◎养心莫善于寡欲。——孟子

韩百灵（1909—2010年），吉林农安人。中医妇科专家。少时从师习中医。后开业行医。1958年后，历任哈尔滨市道外区人民医院医师，黑龙江中医学院妇产科主任、教授，中华全国中医学会第一届理事、黑龙江分会第一届副理事长。九三学社社员。擅长治疗妇科疾病，兼及内科、儿科，尤长于治疗崩漏、滑胎、不孕等症。著有《百灵妇科》，主编有《中医妇产科学》等。

韩百灵，我国知名中医。由于其注重养生，在其百岁高龄时，身体依然十分硬朗，除听力、视力略有减退外，他的头脑仍较清醒，生活能够自理，那么，韩老的养生秘诀又是什么呢？

韩老认为，每个人在正常情况下都能活到百岁，但往往因饮食不节、起居失常、寒暑之变、情志所伤等原因而造成体弱早衰，甚至夭亡。

一般而言，保养方式欠佳是诱发疾病和缩短寿命的根本原因，人们欲延年益寿，首先应在疾病预防上下功夫。如果疾病已经形成，才用药治疗，这时候已略显晚矣。韩老的这一观点非常符合医圣张仲景“未病先防”的思想。

韩老指出，凡欲延年长寿者，必须外避寒暑、内扬正气、饮食有节、起居有常、勿妄劳作，才能有效地预防疾病。反之，若违背养生之道，则易使百病加身。延年益寿需要理论和实践相结合，切忌空谈理性的认识，而不去施行。

韩老在一个世纪的生命历程中不仅身体力行，而且还将自己在养生方面的实践和体会总结出如下九条：

其一，饮食有节。饮食是滋养脏腑的源泉，但要注意避免暴饮暴食、偏食等现象，要寒温适宜和饥饱适宜。五谷养五脏，如饮食失节，气血生化不足，而致气血虚弱，五脏失养，甚则损伤，疾病由此而生。在饮食上主张一饭一菜，食物专一，不可贪杂，随时调剂，并且不求过饱，以免壅滞肠胃；提倡清淡饮食，多吃鱼类，少饮酒水。

其二，劳逸结合。劳动和休息是调节人体各器官生理功能的必要条件。过劳则伤气损血，过逸则滞气涩血。所以，平时里要注意劳逸结合，保证气血充沛、运行无阻而体健身强。

其三，注意情绪的调节。情绪是调节人的精神面貌、思维活动的主要因素。如情绪调和、精神振奋，则不致发生情志病变；若积私愤怒、情志失调，则会伤及五脏而为病患。情绪失调与社会、生活环境以及本人修养密切相关，所以，要有坚定的信念、广阔的胸怀和无私的情操，要提高文化修养。

其四，注重环境的变换。生存环境对人的心情亦有很大的影响，可以养一些花草、鱼类等，也可以通过调整房间陈设摆放的位置来调节心情，时时产生新鲜感。

其五，保持思维灵活。人的大脑如同机械，用之才能灵活，不用则易生锈。人亦如此，久而不用则思维迟钝。

其六，注重眼部的保养。利用春秋之季，每日早晚到室外望远、看近，并在休息时闭目使眼球上下左右转动，大约10分钟即可。这有利于气血充畅而使眼不花，如已花者亦可减轻。

其七，调整呼吸。每天早晨起床后到室外，要深深吸入外界的清气，缓缓呼出体内的浊气，约10分钟为止。这对增强肺的功能活动、防止气管炎和肺气肿的发生都是简单有效的方法。

其八，注意气候的变化。冷热是调节人体各器官阴阳平衡的重要因素之一。如寒热失调、阴阳不和，则产生偏寒偏热之病，因此要时刻注意寒暑之变，以防外邪侵袭。

其九，适当运动。工作之余适当进行肢体活动，有利于气血运行，使关节滑利而动作不衰。

◎故事感悟

养生并无任何诀窍，唯一能够做的就是从身边的细微小事做起，持之以恒，其成效也自然凸现出来。韩老便为我们作出了表率。韩老从中医的角度的出发，给自己制定了上述养生方法，这对当今的人们来说是相当富有指导意义的。

◎史海撷英

## 韩百灵治愈不孕症

坂本志计子是任教黑龙江大学日本专家大石的夫人，年40许，婚后12年未孕，夫妇双方均排除器质性病变，虽经日本、中国许多著名妇科专家诊治，仍无奇效，欲借助于中医。韩老诊断其为肝郁，并紧锁肝肾二脏立法，用经验方百灵调肝汤加减，疏肝理血补肾，三诊后嘱其长期服用。次年春天，大石夫人产一女婴，取名大石花，借松花江的“花”字，以示纪念。

◎文苑拾萃

## 《西游记》中的中药诗

自从益智登山盟，王不留行送出城。
路上相逢三棱子，途中催趱马兜铃。
寻坡转涧求荆芥，迈岭登山拜茯苓。
防己一身如竹沥，茴香何日拜朝廷？

# 女作家罗洪的长寿之道

◎以治气养生，则后彭祖；以修身自名，则配尧舜。——荀子

罗洪（1910—），出生于松江（当时属江苏），原名姚自珍。我国著名女作家。1929年毕业于苏州女子师范学校后，任松江第一高级小学教师。抗日战争爆发后，经浙、赣、湘三省到达桂林，1939年1月回到上海。1944年春天前往安徽屯溪，直至抗战胜利才重返上海。曾为《正言报》编辑副刊《草原》与《读书生活》，1947年辞职后，任中国新闻专科学校教师。1950年在上海南洋模范中学及徐汇女中任教。1953年秋开始，到上海作家协会的《文艺月报》、《上海文学》担任编辑直至退休。著作有（随笔集）《在无聊的时候》、《不等边》、《腐鼠集》、《儿童节》、《这时代》、《践踏的喜悦》等12部短篇小说集，其小说大多描写社会的众生相，笔触细腻，人物性格鲜明。

作家罗洪百岁了。在中国现代文学史上，女作家跨入百岁门槛的，除早年移居台湾的苏雪林外，寥寥无几。

罗洪不喜张扬，更不喜欢喧闹，她要按照自己每日的习性与节拍，平静地生活。

步入百岁之后，罗洪一如往日，清清爽爽料理自己生活。每天浏览多种报刊书籍，回复一些信件。但不能过于劳累，否则就要服降压片了。除耳朵有些重听外，别无他恙。她思路清晰，谈吐自如，阅读写字不用戴眼镜，站着为小书友签名、钤印。如此等等。她每天天未亮透就起床，气温适宜的话会下楼散散步。早饭一碗粥，佐少许干点，中晚餐各半碗米饭，荤素汤合理搭配，清淡可口。

谈起她的长寿之道，罗洪谈了三条：

她说："我的长寿，得益于心境平静，宠辱不惊。"罗洪一生出版了十多部小说集，1949年前，她被著名作家赵景深誉为"真正的小说家"。新中国成立后，她又被推崇为全国"十大女作家"之一。

一是无论是在众人喝彩的得意岁月，还是在下放劳动的迷茫日子，她都怀揣着一颗平常心。她患有高血压，但一粒复降片，足以平稳血压，至今已有几十年。现如今，她过着平静而有序的生活。每天早晨5时起床，自己漱洗完毕，然后准时收听6时的早新闻。上午读报、看书。她订有多种报刊，书大多是读现代小说。吃过中饭，小睡一会，大多是躺在床上翻翻报纸，然后眯上几十分钟，一般不会超过一个小时。午睡后构思写作。她晚年写的《孤岛岁月》《罗洪散文》就是这样问世的。

二是脑子要多用，手脚要多动。罗洪生来瘦弱，一副文文静静的模样。由于个人职业的习惯，平时坐着看书写作较多，但她注意活动，她认为生命在于运动，长寿在于多动。对于作家来说，脑子要多用，格子要多爬，手脚要多动。她一生坚持劳逸结合，动静配合，看书写作一会，必然下楼走动走动。她平时喜欢散步，住宅周围地区她都走过，一楼一宇无不熟悉，八九十岁时，还能从淮海中路的家里散步到徐家汇。

三是饮食清淡，不宜过饱。她说，吃东西，宁可三分饥，不可十分饱。不能看到好东西，馋心上来，吃得饱透，这是伤身之举，不是养生之道。她平时早饭大多吃泡饭，半碗足矣，佐之酱菜，油氽花生。中饭，二荤一素一汤，或者二素一汤，米饭半碗。晚上也是如此。她吃饭不挑不拣，排骨、红烧肉、五花肉都吃，但油腻不能太重。她说："吃得清淡，活得自在。"

### ◎故事感悟

以平和之心看待不平之事，这是罗老养生秘诀的精髓，通俗地讲，即有一个平常心，宠辱不惊。可以说，常人要做到多用脑子以及饮食清淡有规律不难，但做到拥有一颗波澜不惊的心，未免是易事，罗老为我们作出了榜样。

## ◎文苑拾萃

### 《上海文学》

《上海文学》创刊于1953年，是中国一本具有重要影响的文学杂志，曾由巴金主编，编辑业绩卓著。《上海文学》历年来推出的大量优秀作品，已成为当代文学史的名著名篇，如邓刚的《迷人的海》、王安忆的《小城之恋》、阿城的《棋王》、韩少功的《归去来兮》、马原的《冈底斯的诱惑》等等。一直以来，作为《上海文学》办刊的最大特色，直面现实，推陈出新，敏锐把握文学潮流的变化，倾力培育新生代作家群体，是其得以延续自己文学影响力的根本缘由。

从1998年开始，《上海文学》杂志为适应市场需求，着手从栏目到版式进行逐步的调整和转型的努力，明确提出了杂志栏目化和"大文学化"的办刊思路，力求以推陈出新的特色栏目、风格精致的高雅版式和独具个性的文化格调，来赢得读者的青睐。除了发扬小说栏目的精品特色以外，还推出了一系列专题栏目、名家专栏，如"夹边沟记事"、"城市地图"、"上海词典"、"记忆·空间"、"思想笔记"、"日常生活中的历史"等等，颇受好评。

# 新疆百岁老人的养生之道

◎善养生者，若牧羊然；视其后者两鞭之。——庄子

我国的新疆是世界五大长寿地区之一。它的面积有160万平方千米，占全国面积的1/6，而人口只有1308万，占全国总人口的1/80。据20世纪80年代第三次全国人口普查表明，全国有百岁和百岁以上的老人3851名，而新疆占了865名，约占全国总数的22.46%。从新疆的百岁老人地区分布看，南疆多于北疆，农牧区多于城市；从民族构成看，少数民族占绝大多数；从性别构成看，男性比女性多。现根据新疆百岁老人有关资料，对其长寿之道做一个总结。

原因之一要健康长寿，就必须乐观。这是一条最重要的因素，这一因素直接影响到其他因素。

所谓“乐观者长寿”，这句话很有道理。人常说：“笑一笑，少一少；愁一愁，白了头。”说明情绪不仅会影响人体机能，甚至影响人的寿命。因为情绪和人体内分泌系统分泌的激素大有关系。

据悉新疆百岁以上的老人，普遍具有乐观精神。他们性情温和，待人宽厚，睦邻相处，很少与邻居闹纠纷；他们心平气和，不生气，不动怒，不喜欢与人发生冲突，有的一生从不与人争吵；他们性格开朗，爱说爱笑，很少忧虑。有的百岁老人青壮年时就喜欢唱歌、跳舞，到现在仍喜欢听音乐；他们心胸开阔、遇事不慌、不急、不发愁、不后悔、想得远、想得通，能提得起，也能放得下，用他（她）们子孙后代的话来说：“天塌下来也不急。”如维吾尔族百岁老人力提甫，年轻时曾牵引200峰骆驼去关内贩卖，途中因气候和

其他原因，200峰骆驼死的只剩下32峰。回来后，家里人因之都很生气，但他并没有为此而忧伤。

原因之二足够的营养、适量的饮食，是保证长寿的物质基础。生活有规律，饮食嗜好能节制，有益于健康长寿。

饮食是人体物质代谢的基础，要使身体内各种机能保持正常，就必须有足够的营养供应。研究发现，促进长生不老的特殊饮食是没有的，缺乏丰富营养的粗茶淡饭，是不能保证健康长寿的。

从新疆百岁老人的饮食情况看，因为地区不同和民族不同而有所不同。他(她)们靠山吃山，靠水吃水，收什么就吃什么。农业区以粮为主，以肉食、奶茶和蔬菜瓜果为辅；牧区以肉食奶茶为主，以粮为辅，很少吃蔬菜和瓜果。如地处农业区的吐鲁番县和于田县，共有百岁以上老人43人，而饮食经常离不开羊肉、羊油和奶茶的有29人，占67.44%；地处塔里木盆地边沿的尉犁县，是一个半农半牧县，境内有塔里木河和孔雀河，生长在这个县的11位百岁老人，过去都长期放牧在戈壁滩上，以捕鱼和猎取野生动物为食，以奶茶为饮料，常吃水果，很少吃蔬菜。

新疆少数民族的食品结构比较单一，但却有着丰富的营养。百岁老人都能做到饮食适量，既不偏食，也不狂吃暴饮。由此可得出一个结论，要健康长寿，在饮食方面，不在于食品结构的多样或单一，也不在于吃肉还是吃素，而在于有没有足够的营养和饮食是否适量。

除此之外，新疆的百岁老人，大都保持着一种简朴、稳定和有规律的生活方式，他(她)们有着良好的生活习惯，早起早睡、讲卫生、注意劳逸结合，饮食起居、劳动、休息都保持着一定的节奏。由于宗教信仰原因，在858名少数民族的百岁老人中，除个别人吸烟外，其他人都从不饮酒、吸烟。事实说明，规律的生活、良好的习惯，对健康长寿大有益处。

原因之三长期坚持劳动和适度体育锻炼，可以促进健康长寿。

坚持运动是健身之本。如果不运动或很少运动，就会出现一系列机能紊乱。很多例子说明，长期坚持锻炼和不锻炼的人在身体、精神和抗病能力上都大不相同，因为生命在于运动。经验证明，坚持运动，确实可以促进健康长寿，从新疆百岁老人的情况来看，就说明了这一点。

新疆百岁老人中，终生从事体力劳动的占98.05%。他们普遍从青少年起就参加体力劳动，老年以后仍然坚持运动。如经常散步或做一些力所能及的家务劳动，所以在百岁之后，大多数身体仍然健康，生活可以自理。如102岁的维吾尔族老人毛拉提·帕里塔，年轻时当过小商贩，到处走动，后来一直务农种瓜，现在虽年已过百，健康状况仍然良好，还可以做买卖。102岁的维吾尔族老人牙热合·吉买提，12岁开始到90岁，一直从事体力劳动，给别人种地、放牛、放羊，现在除了视力稍差、牙齿缺3颗外，饮食正常，行动方便，经常进行较远距离的散步，还能做一些轻微的家务劳动。106岁的柯尔克孜族老人阿依木汗·天合尔·白来的（女），从15岁起就一直在山区牧羊和做家务劳动，至今健康状况良好，除有轻微胃病、耳稍聋、眼花外，记忆力仍然很好，说话清楚，饮食正常，生活不仅可以自理，还能做一些轻微的家务劳动。

原因之四美好的自然环境，为健康长寿创造了良好的条件。

自然地理环境，对人的长寿水平有着重要的影响。新疆有着辽阔而美好的田园、山林和牧场，雅净的环境、清新的空气，没有工业污染，也没有城市噪音，这就为健康长寿创造了良好的条件。

从新疆百岁老人分布情况看，居住农村、山区和牧区的829人，占百岁老人总数的95.84%；居住城市的36人，占百岁老人总数的4.16%，其中1/3还是晚年从农牧区迁居城市的。新疆全境以天山山地为中轴，分为南疆和北疆两个自然条件有着明显差别的地区。自然地理环境南疆优于北疆，从百岁老人地区分布情况看，南疆共753人，占百岁老人总数的87.1%；北疆共112人，占百岁老人总数的12.9%。由此可知，人的长寿水平是和居住环境密切相关的。

原因之五人的长寿，除了以上因素外，还和遗传有关。

据统计：在新疆865名百岁老人中，父亲或母亲是长寿老人的共29人，占全区百岁老人总数的3.35%，还有66名百岁老人的子女，现在都在60岁以上。这说明长寿与遗传有一定的关系。

人口的长寿，除了生理、环境和遗传等自然因素外，它还是一种社会现象。优越的社会制度，是人口寿命延长，百岁老人逐渐增多的一个原因。

◎故事感悟

快乐是长寿之本，平日里大家在相互祝福的时候，彼此都会说上一句“节日快乐”，而究其原因，或许是由于人们受太多繁琐事的牵绊，以至于锁住了快乐，换来的是无穷的烦闷。而新疆老人的乐观精神则为我们作出了表率。

◎史海撷英

### 尉犁县历史

尉犁县有着悠久的历史，是古西域之尉犁国、渠犁国、山国等地。西汉为尉犁国地，隶西域都护府。东汉后被焉耆国所兼并。唐设渠犁都督府。元明时期称“罗布淖尔”（蒙语，意为汇入多水的湖）。明末称“昆其”。清光绪二十四年（1898年）设新平县（无城郭）。1914年因与云南新平县重，改为尉犁县，以古国名命名。后隶属焉耆道、焉耆行政区、焉耆专区。1954年属库尔勒专员公署管辖。1960年4月22日经国务院正式批准，尉犁县维文名称（孔雀，皮匠之意）音译改为“罗布淖尔”音译。1961年隶属巴州（“巴音郭楞蒙古自治州”的简称）管辖。1965年在调整市、镇建制中，将尉犁镇撤销。1984年复置尉犁镇。2000年，尉犁县辖2个镇、7个乡。

◎文苑拾萃

### 维吾尔文

维吾尔文是维吾尔族使用的拼音文字。维吾尔族在历史上使用过突厥文、回鹘文、察合台文。现在中国维吾尔族使用的维吾尔文是在晚期察合台文基础上形成的以阿拉伯字母为基础的拼音文字。20世纪30年代以后维吾尔文经过几次改进，最近的一次是在1983年。现行维吾尔文有32个字母，自右至左横书。每个字母按出现在词首、词中、词末的位置有不同的形式。字母表中的单式除代表该字母的独立形式外，一般出现在词末不可连字母之后；前式出现在可连字母之前；中式出现在词中两个可连字母中间；末式出现在词末可连字母之后。有些字母只有单式和末式。有些字母所带的符号除作独立形式和词首形式的标志外，还起隔音的作用。

1965—1982年间中国维吾尔族同时并用过拉丁化的新文字，主要在学校中使用。因全面改用新文字的条件尚不成熟，两种文字并用又不利于文化的发展，经新疆维吾尔自治区第五届人民代表大会常务委员会决定，从1982年9月起恢复使用老文字，而将新文字作为一种拼音符号予以保留，并在必要的场合使用。